마흔에
시작하는
영어회화

Better late than never!

마흔에 시작하는 영어회화

지은이 성재원
펴낸이 임상진
펴낸곳 (주)넥서스

초판 1쇄 인쇄 2024년 11월 25일
초판 1쇄 발행 2024년 12월 5일

출판신고 1992년 4월 3일 제311-2002-2호
10880 경기도 파주시 지목로 5
Tel (02)330-5500 Fax (02)330-5555

ISBN 979-11-6683-895-8 13740

출판사의 허락 없이 내용의 일부를
인용하거나 발췌하는 것을 금합니다.
저자와의 협의에 따라서 인지는 붙이지 않습니다.

가격은 뒤표지에 있습니다.
잘못 만들어진 책은 구입처에서 바꾸어 드립니다.

www.nexusbook.com

Better late than never!

마흔에 시작하는 영어회화

인생의 전환점이 될 영어회화 수업

성재원 지음

넥서스

Intro

"이번 생에 영어로 말할 수 있을까요?"

제가 가장 많이 듣는 질문입니다. 수강생분들의 목소리에는 늘 절박함과 체념, 그리고 작은 희망이 섞여 있습니다. 그때마다 저는 망설임 없이 대답합니다.

"네, 할 수 있습니다. 저도 그랬으니까요."

이 대답에는 자신감이 넘치지만, 사실 저도 한때는 영어 앞에서 한없이 작아지던 사람이었습니다. 군 제대 후 떠난 유럽 여행에서 "사진 좀 찍어 주세요."를 "Give me a picture, please."라고 말했던 순간은 아직도 잊을 수 없습니다. 돌아와서 곰곰이 생각해 보니 이상했습니다. 초등학교부터 시작해 대학교까지, 족히 10년은 넘게 영어를 공부했는데 왜 한 마디도 제대로 못하는 걸까요? 문제는 '공부 방법'에 있었습니다. 우리는 너무 많은 것을 한꺼번에 배우려 했고, 정작 필요한 것은 제대로 배우지 못했습니다.

그런 제가 지금은 여러분 앞에서 영어를 가르치고 있습니다. 기적일까요? 아니면 특별한 재능? 둘 다 아닙니다. 그저 '제대로 된 방법'으로 공부했을 뿐입니다.

이 책은 제가 수년간 40대, 50대, 60대, 70대 수강생분들과 함께하며 깨달은 '진짜 영어 공부법'을 담았습니다. 여러분과 비슷한 나이대의 천여 명이 넘는 수강생들과 함께 시행착오를 겪으며 찾아낸, 가장 효과적인 학습법입니다.

우리는 더 이상 20대처럼 긴 시간을 투자할 수 없습니다. 일과 가정이라는 현실적인 제약이 있죠. 하지만 그것이 핑계가 될 순 없습니다. 오히려 우리에겐 더 큰 무기가 있습니다. 바로 '절실함'과 '집중력'입니다. 1시간을 공부하더라도 제대로, 효율적으로 하는 방법을 이 책에 모두 담았습니다.

이 책에서 제가 가장 중요하게 생각한 것은 '실용성'입니다. 학교에서 배워 온 영어는 너무나 복잡하고 어려웠습니다. 하지만 실제로 필요한 영어는 그렇게 복잡하지 않습니다. 이 책은 꼭 필요한 표현과 문법만을 담았습니다. 바로 배워서 바로 사용할 수 있는, 살아 있는 영어만 모았습니다.

"영어는 취미가 될 수 있다." 이것이 제가 여러분께 전하고 싶은 가장 큰 메시지입니다. 13만 유튜브 구독자, 수많은 문화센터 수강생들과 함께하며 깨달은 것이 있습니다. 나이는 숫자에 불과하다는 것입니다. 오히려 40대 이후에 시작하시는 분들이 더 빠르게 성장하는 경우가 많습니다. 목표가 명확하고, 학습 의지가 강하기 때문입니다. 해외여행에서 더 이상 겁먹지 않아도 됩니다. 외국인을 만나도 자신 있게 대화를 시작할 수 있습니다. 무엇보다 "나도 할 수 있다."라는 자신감을 얻게 될 것입니다.

이 책은 제가 수년간 연구하고 개발한 '미니멀영어' 학습법의 정수를 담았습니다. 복잡한 설명 대신 명확한 이해를, 단순 암기 대신 실전 훈련을 강조했습니다. 꼭 필요한 내용만 담아 부담 없이 시작할 수 있습니다.

마지막으로 부탁드립니다. 이 책을 시작하는 순간, 여러분은 더 이상 '영어 초보자'가 아닙니다. 새로운 도전을 시작하는 '영어 학습자'입니다. 자신감을 가지세요. 할 수 있습니다. 제가 늘 보아 왔듯이, 여러분도 반드시 해낼 수 있습니다.
이 책이 여러분의 인생에 새로운 전환점이 되기를, 그리고 즐거운 영어 여정의 든든한 동반자가 되기를 진심으로 바랍니다.

저자 성재원

이 책의 구성과 특징

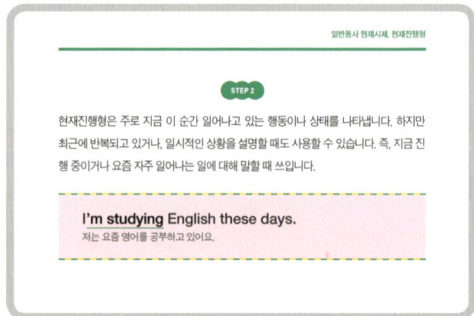

1 **이해가 쉬운 친절한 설명**
전체적으로 **문법 용어를 최소화**했고, 선생님이 직접 말해 주듯이 이해가 쉽게 친절하게 설명하였습니다.

2 **체계적인 단계별 학습**
차근차근 이해할 수 있도록 **3 STEP으로 나누어** 학습 내용을 정리하였습니다. 각 설명 아래에는 다양한 예시를 통해 학습을 더욱 쉽게 만들어 줍니다.

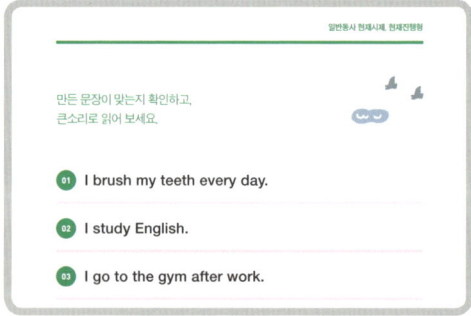

3 **실전 말하기 연습**
각 UNIT 학습이 끝난 후, **실용적인 예문**들로 말하기 연습을 할 수 있습니다. 한글을 먼저 보고 영어로 뭐라고 할지 생각해 본 뒤, 큰소리로 직접 말해 보세요.

원어민 MP3 듣기

● 스마트폰에서

스마트폰으로 QR코드를 인식하면 MP3를 바로 들을 수 있습니다.

● 컴퓨터에서

넥서스 홈페이지(www.nexusbook.com)에서 도서명으로 검색하시면, 회원 가입 없이 바로 무료로 다운받을 수 있습니다.

▶ 저자 무료 강의 듣기

저자의 유튜브 채널 '**미니멀영어**'를 방문해 보세요. 선생님이 직접 친절하고 자세하게 설명해 주시는 무료 강의를 들을 수 있습니다. 도서와 함께 활용하면 영어회화가 더욱 쉬워집니다.

저자 유튜브 바로가기

Contents

CHAPTER 1 — 일반동사 현재시제, 현재진행형

UNIT 01	일반동사 현재시제	~한다	14
UNIT 02	일반동사 부정문	~하지 않는다	18
UNIT 03	일반동사 의문문	~하니?	22
UNIT 04	현재진행형 평서문	~하고 있다	26
UNIT 05	현재진행형 부정문	~하고 있지 않다	30
UNIT 06	현재진행형 의문문	~하고 있어?	34

CHAPTER 2 — be동사 현재시제, 과거시제

UNIT 07	be동사 평서문	~이다	40
UNIT 08	be동사 부정문	~이 아니다	44
UNIT 09	be동사 의문문	~이야?	48
UNIT 10	be동사 과거시제	~이었다	52
UNIT 11	be동사 과거시제 부정문	~이 아니었다	56
UNIT 12	be동사 과거시제 의문문	~이었어?	60

CHAPTER 3 일반동사 과거시제, 과거진행형

UNIT 13	일반동사 과거시제	~했다	66
UNIT 14	일반동사 과거시제 부정문	~하지 않았다	70
UNIT 15	일반동사 과거시제 의문문	~했어?	74
UNIT 16	과거진행형 평서문	~하는 중이었다	78
UNIT 17	과거진행형 부정문	~하는 중이 아니었다	82
UNIT 18	과거진행형 의문문	~하는 중이었어?	86

CHAPTER 4 현재완료시제

UNIT 19	현재완료시제	기본 개념	92
UNIT 20	현재완료시제 계속 용법	계속 ~해 왔다	96
UNIT 21	현재완료시제 경험 용법	~해 본 적이 있다	100
UNIT 22	현재완료시제 완료 용법	~을 이미 다했다	104
UNIT 23	현재완료시제 부정문	계속 ~하지 않았다 ~해 본 적 없다 아직 ~ 못했다	108
UNIT 24	현재완료시제 의문문	계속 ~했어? ~해 본 적 있어? ~다 했어?	112

CHAPTER 5　미래시제

UNIT 25	미래시제 평서문	~할 거다	118
UNIT 26	미래시제 부정문	~하지 않을 거다	122
UNIT 27	미래시제 의문문	~할 거야?	126
UNIT 28	계획을 나타내는 평서문	~할 예정이다	130
UNIT 29	계획을 나타내는 부정문	~하지 않을 예정이다	134
UNIT 30	계획을 나타내는 의문문	~할 예정이야?	138

CHAPTER 6　조동사

UNIT 31	능력과 가능성을 나타내는 표현	~할 수 있다	144
UNIT 32	요청과 허가를 나타내는 표현	~해도 될까?	148
UNIT 33	애매한 추측과 허가	~일지도 모른다	152
UNIT 34	확신을 가진 추측과 강한 의무감	분명히 ~할 것이다 반드시 ~해야 한다	156
UNIT 35	의무감을 나타내는 표현	~을 해야 한다	160
UNIT 36	가벼운 조언을 나타내는 표현	~하는 게 좋겠다	164

CHAPTER 7 전치사

UNIT 37	장소 전치사	at, on, in	170
UNIT 38	시간 전치사	at, on, in	174
UNIT 39	위치 전치사	다양한 위치 전치사	178
UNIT 40	방향 전치사	다양한 방향 전치사	182
UNIT 41	기타 시간 전치사	for, during	186
UNIT 42	기타 전치사	그 외에 다양한 전치사들	190

CHAPTER 8 의문사

UNIT 43	의문사	Who(누가), Why(왜)	196
UNIT 44	의문사	Where(어디서), When(언제)	200
UNIT 45	의문사	What(무엇을), Which(어느 것을)	204
UNIT 46	의문사	How(어떻게)	208
UNIT 47	간접의문문	문장 속에 포함된 질문	212
UNIT 48	부가 의문문	~하지, 그렇지?	216

CHAPTER 9 문장 길게 말하기

UNIT 49	동사 -ing	주어로 쓰는 동사 -ing	222
UNIT 50	동사 -ing	목적어로 쓰는 동사 -ing	226
UNIT 51	to부정사	동사 뒤에 오는 to부정사	230
UNIT 52	to부정사	목적을 나타내는 to부정사	234
UNIT 53	접속사	문장이나 문장 성분을 연결하는 것	238
UNIT 54	부사	자세하게 설명하기	242

CHAPTER 10 다양한 문장 구조

UNIT 55	수동태	~되어지다	248
UNIT 56	There+be동사	~이 있다	252
UNIT 57	'주다' 동사	동사+사람+사물	256
UNIT 58	명령하기, 권유하기	~해 / ~하자	260
UNIT 59	누군가에게 시킬 때	~하게 하다 ~하게 만들다 ~하게 시키다	264
UNIT 60	as~as, 비교급, 최상급	~만큼 / ~보다 / 가장 ~	268

CHAPTER 1

일반동사 현재시제, 현재진행형

Better late than never!

CHAPTER 1

일반동사 현재시제
~한다

UNIT 01

STEP 1

일반동사 현재시제의 기본 느낌은 '늘 그런 것'입니다. 그래서 매일 하는 일상적인 행동을 설명할 때 사용됩니다. 예를 들어, "I get up early."는 "나는 일찍 일어난다."라는 뜻입니다. 주어와 동사가 기본적인 구조를 이루며, 주어가 하는 행동을 나타냅니다.

일반동사 현재시제는 규칙적으로 반복되는 행동이나 사실을 설명할 때도 사용됩니다. 매일 아침 일찍 일어나고, 저녁에 책을 읽고, 주말에는 친구들과 운동을 하는 그림을 그려 보세요. 이러한 일상적인 행동을 표현할 때 일반동사 현재시제를 사용할 수 있습니다. 예를 들어, "저는 일찍 일어나요."라고 말하고 싶다면, 영어로는 "I get up early."라고 말할 수 있습니다. 'get up'은 '일어나다'라는 의미입니다. 평소에 늘 일찍 일어나는 것을 설명하기 위해 원래 형태 그대로 사용했습니다.

일반동사 현재시제를 사용해서 문장을 만들어 보세요.

I **drink** coffee. 저는 커피를 마셔요.
I **teach** English. 저는 영어를 가르쳐요.
I **live** in Seoul. 저는 서울에 살아요.

일반동사 현재시제, 현재진행형

STEP 2

일반동사 현재시제는 '원래 그런 것'이기 때문에 원래 모양 그대로 사용합니다. 한 가지 주의할 점은 주어가 3인칭 단수(he, she, it)일 경우에는 동사 뒤에 -s를 붙여야 합니다.

She work_s_ hard. 그녀는 열심히 일해요.

모든 동사가 이 규칙대로 변하는 것은 아닙니다. 끝에 -s가 아닌 -es가 붙는 동사가 있는가 하면, 동사 have는 has로 모양이 완전히 바뀝니다. 자주 등장하는 동사들부터 하나씩 눈으로 익혀 두세요.

go ➡ goes
study ➡ studies
have ➡ has

STEP 3

'빈도부사'를 사용해서 얼마나 자주 일어나는지 더 구체적으로 말할 수 있습니다. always(항상), often(자주), usually(보통), sometimes(가끔), never(절대 ~않다) 등의 표현들을 일반동사 앞에 넣어서 말해 보세요.

I take a nap. 저는 낮잠을 자요.
➡ **I sometimes take a nap.** 저는 가끔 낮잠을 자요.

CHAPTER 1

실전 말하기 연습

다음 문장을 주어진 단어를 활용하여 말해 보세요.

01 저는 매일 이를 닦아요. (brush, every day)

02 저는 영어를 공부해요. (study)

03 저는 퇴근 후에 헬스장에 가요. (go to)

04 저는 매일 아침 커피를 마셔요. (drink)

05 저는 금요일에는 집에서 일해요. (work)

06 그녀는 열심히 일해요. (works)

07 해는 동쪽에서 떠요. (rises)

08 그들은 버스로 출근해요. (go)

09 제 딸이 빨래를 해요. (does)

10 우리는 매주 토요일에 집을 청소해요. (clean)

일반동사 현재시제, 현재진행형

만든 문장이 맞는지 확인하고,
큰소리로 읽어 보세요.

01 I brush my teeth every day.

02 I study English.

03 I go to the gym after work.

04 I drink coffee every morning.

05 I work from home on Fridays.

06 She works hard.

07 The sun rises in the east.

08 They go to work by bus.

09 My daughter does the laundry.

10 We clean the house every Saturday.

CHAPTER 1

일반동사 부정문
~하지 않는다

UNIT 02

STEP 1

일반동사 부정문은 주어가 어떤 행동을 하지 않는다는 것을 나타낼 때 사용합니다. 일상 생활에서 '~하지 않아요'와 같은 문장을 만들 때 매우 유용합니다. 일반동사 부정문은 주로 'do not' 또는 'does not'을 사용하여 만들 수 있습니다.

예를 들어, 누군가가 "저 사람 알아요?"라고 물었을 때 "아니요, 몰라요."라고 대답하고 싶다면, 영어로는 "I don't know him."이라고 말할 수 있습니다. 여기서 know는 '알다'라는 뜻의 동사인데, 앞에 do not(don't)을 붙여서 '모르다'라는 부정의 의미를 더해 줍니다. do not(주어가 I, you, we, they)과 does not(주어가 he, she, it) 뒤에는 항상 동사원형이 옵니다. 즉, 동사의 형태는 주어에 따라 변화하지 않습니다. 이렇게 일반동사 부정문을 사용하면 일상 생활에서 하지 않는 행동이나 상태를 말해 줄 수 있습니다.

일반동사 부정문을 사용해서 문장을 만들어 보세요.

> I **don't** love her. 저는 그녀를 사랑하지 않아요.
>
> I **don't** know him. 저는 그를 몰라요.
>
> I **don't** drink coffee. 저는 커피를 마시지 않아요.

STEP 2

일상적인 대화에서는 do not, does not보다는 축약형인 don't, doesn't가 더 많이 사용됩니다. 그래서 이 두 발음을 정확히 하는 법을 꼭 알아 두셔야 합니다. Don't는 /도운(ㅌ)/처럼 들리며, 'd' 소리는 혀를 윗니 뒤에 살짝 대고 빠르게 떼면서 소리 내야 합니다. 앞에 있는 /도/ 부분에서 강세를 주면 더 자연스럽게 말할 수 있습니다. Doesn't는 /더즌(ㅌ)/처럼 들리며, 'd' 소리는 don't와 동일하게 발음합니다. 앞에 있는 /더/ 부분에 강세를 주시면 됩니다. 빠르게 발음하다 보면 끝에 있는 (ㅌ) 소리를 내지 않고 지나가는 순간이 많다는 점도 기억해 두세요.

STEP 3

don't나 doesn't 대신 never를 사용해 그 동작이 전혀 일어나지 않음을 강하게 강조할 수 있습니다. 예를 들어, "I don't eat meat."는 "저는 고기를 먹지 않아요."라는 뜻입니다. 반면에 "I never eat meat."은 "저는 절대 고기를 먹지 않아요."라는 의미로, 어떠한 상황에서도 고기를 먹지 않는다는 것을 강하게 나타냅니다.

> **I don't drink coffee.** 저는 커피를 마시지 않아요.
> 일반적으로 마시지 않는다는 의미이지만, 특별한 상황에서는 마실 수도 있다는 여지를 남겨 둡니다.
>
> **I never drink coffee.** 저는 절대 커피를 안 마셔요.
> 어떠한 상황에서도 커피를 마시지 않음을 강하게 강조합니다

CHAPTER 1

실전 말하기 연습

다음 문장을 주어진 단어를 활용하여 말해 보세요.

01 저는 사과를 좋아하지 않아요. (like)

02 저는 컨디션이 좋지 않아요. (feel)

03 저는 커피를 마시지 않아요. (drink)

04 그녀는 골프를 치지 않아요. (play)

05 우리는 TV를 보지 않아요. (watch)

06 당신은 내 말을 듣지 않아요. (listen)

07 그는 일을 열심히 하지 않아요. (work)

08 저는 집에서 아침을 먹지 않아요. (breakfast)

09 저는 유령을 믿지 않아요. (believe)

10 그녀는 안경을 쓰지 않아요. (wear)

일반동사 현재시제, 현재진행형

만든 문장이 맞는지 확인하고,
큰소리로 읽어 보세요.

01 I don't like apples.

02 I don't feel well.

03 I don't drink coffee.

04 She doesn't play golf.

05 We don't watch TV.

06 You don't listen to me.

07 He doesn't work hard.

08 I don't eat breakfast at home.

09 I don't believe in ghosts.

10 She doesn't wear glasses.

CHAPTER 1

일반동사 의문문
~하니?

UNIT 03

STEP 1

일반동사 의문문은 주어가 어떤 행동을 하는지 물어볼 때 사용합니다. 일상 생활에서 '~하니?'와 같은 질문을 할 때 매우 유용합니다. 일반동사 의문문은 주로 Do 또는 Does를 사용하여 만들 수 있습니다. 주어가 I, you, we, they일 때는 Do를 사용하고, 주어가 he, she, it일 때는 Does를 사용합니다. 질문의 형태는 'Do/Does + 주어 + 동사원형?'입니다.

예를 들어, 친구에게 "너는 커피를 마시니?"라고 물어보고 싶다면, 영어로는 "Do you drink coffee?"라고 말할 수 있습니다. 여기서 drink는 '마시다'라는 뜻의 동사인데, 앞에 Do를 붙여서 의문문을 만듭니다. 이렇게 일반동사 의문문을 사용하면 상대방의 행동이나 상태에 대해 쉽게 물어볼 수 있습니다.

일반동사 의문문을 사용해서 문장을 만들어 보세요.

Do you love me? 저를 사랑하나요?
Do you know him? 그 남자 알아요?
Does she speak English? 그녀는 영어를 하나요?

일반동사 현재시제, 현재진행형

STEP 2

'Do you'는 자연스럽게 말할 때 조금 빠르고 부드럽게 발음됩니다. 영어 원어민들이 일상 대화에서 Do you를 말할 때 흔히 사용하는 발음은 /두여/ 또는 /드여/에 가깝습니다. Do와 you를 분리해서 발음하지 않고 연이어 발음하는데, you는 상대적으로 약하게 발음됩니다.

Do you love me? /두 여 럽미?/ or /드 여 럽미?/
Do you know him? /두 여 노우 힘?/ or /드 여 노우 힘?/
Do you speak English? /두 여 스픽 잉글리쉬?/ or /드 여 스픽 잉글리쉬?/

STEP 3

의문문을 사용할 때는 when(언제), where(어디에서), what(무엇을), why(왜), how(어떻게) 같은 의문사를 함께 사용하면 더 구체적으로 질문할 수 있습니다. 이 표현들은 Do/Does 앞에 넣어서 말할 수 있습니다.

Do you play soccer? 축구를 하시나요?
➡ **When** do you play soccer? 언제 축구를 하시나요?
➡ **Where** do you play soccer? 어디에서 축구를 하시나요?

23

CHAPTER 1

실전 말하기 연습

다음 문장을 주어진 단어를 활용하여 말해 보세요.

01 이해하셨어요? (understand)

02 강아지 키우세요? (have)

03 우유가 더 필요하세요? (need, more)

04 음악 좋아하세요? (like)

05 열이 있나요? (fever)

06 코트 마음에 드세요? (coat)

07 주말에 일하시나요? (work)

08 도움이 필요하세요? (help)

09 그들은 여기 살고 있나요? (live)

10 여기 자주 비가 오나요? (often)

일반동사 현재시제, 현재진행형

만든 문장이 맞는지 확인하고,
큰소리로 읽어 보세요.

01 Do you understand?

02 Do you have a dog?

03 Do you need more milk?

04 Do you like music?

05 Do you have a fever?

06 Do you like your coat?

07 Do you work on weekends?

08 Do you need help?

09 Do they live here?

10 Does it rain often here?

CHAPTER 1

현재진행형 평서문
~하고 있다

UNIT 04

STEP 1

현재진행형은 지금 이 순간에 일어나고 있는 행동을 설명할 때 사용합니다. 일상 생활에서 '지금 ~하고 있어요'와 같은 문장을 만들 때 매우 유용합니다. 현재진행형은 'be동사(am, is, are) + 동사-ing' 형태로 만들어집니다.

예를 들어, "저는 일하고 있어요."라고 말하고 싶다면, 영어로는 "I'm working."이라고 말할 수 있습니다. 여기서 working은 '일하다'라는 뜻의 동사 work에 -ing를 붙여 만든 형태입니다.

현재진행형을 사용해서 문장을 만들어 보세요.

I'm taking a shower. 저는 샤워하고 있어요.

I'm reading a book. 저는 책을 읽고 있어요.

I'm walking the dog. 저는 개를 산책시키고 있어요.

현재진행형은 주로 지금 이 순간 일어나고 있는 행동이나 상태를 나타냅니다. 하지만 최근에 반복되고 있거나, 일시적인 상황을 설명할 때도 사용할 수 있습니다. 즉, 지금 진행 중이거나 요즘 자주 일어나는 일에 대해 말할 때 쓰입니다.

I'm studying English these days.
저는 요즘 영어를 공부하고 있어요.

현재진행형을 사용할 때는 now(지금), right now(지금 바로), at the moment(지금 이 순간) 와 같은 시간 표현을 함께 사용하면 더 구체적으로 현재 시점을 강조할 수 있습니다.

I am eating now. 저는 지금 먹고 있어요.
She is reading right now. 그녀는 지금 읽고 있어요.
They are playing at the moment. 그들은 지금 놀고 있어요.

CHAPTER 1

실전 말하기 연습

다음 문장을 주어진
단어를 활용하여 말해 보세요.

01 저는 샌드위치를 먹고 있어요. (eating)

02 저는 설거지를 하고 있어요. (washing)

03 저는 버스를 기다리고 있어요. (waiting)

04 그녀는 자고 있어요. (sleeping)

05 그들은 TV를 보고 있어요. (watching)

06 우리는 영어 공부를 하고 있어요. (studying)

07 그는 야구를 하고 있어요. (playing)

08 그녀는 음악을 듣고 있어요. (listening)

09 그는 저녁을 요리하고 있어요. (cooking)

10 개가 크게 짖고 있어요. (barking, loudly)

일반동사 현재시제, 현재진행형

만든 문장이 맞는지 확인하고,
큰소리로 읽어 보세요.

01 I'm eating a sandwich.

02 I'm washing the dishes.

03 I'm waiting for the bus.

04 She's sleeping.

05 They're watching TV.

06 We're studying English.

07 He's playing baseball.

08 She's listening to music.

09 He's cooking dinner.

10 The dog is barking loudly.

CHAPTER 1

현재진행형 부정문
~하고 있지 않다

UNIT 05

STEP 1

현재진행형 부정문은 지금 이 순간에 일어나고 있지 않은 행동을 설명할 때 사용합니다. 일상 생활에서 '지금 ~하고 있지 않아요'와 같은 문장을 만들 때 매우 유용합니다. 현재진행형 부정문은 'be동사(am, is, are) + not + 동사-ing' 형태로 만들어집니다.

예를 들어, "저는 자고 있지 않아요."라고 말하고 싶다면, 영어로는 "I'm not sleeping."이라고 말할 수 있습니다. 여기서 sleeping은 '자다'라는 뜻의 동사 sleep에 -ing를 붙여 만든 형태입니다.

현재진행형 부정문을 사용해서 문장을 만들어 보세요.

I'm **not** traveling. 저는 여행을 하고 있지 않아요.
I'm **not** sleeping. 저는 자고 있지 않아요.
I'm **not** working. 저는 일하고 있지 않아요.

일반동사 현재시제, 현재진행형

STEP 2

현재진행형 부정문을 만들기 위해서는 먼저 'be동사(am, is, are)'를 주어에 맞게 사용하고, 그 뒤에 not을 넣은 후 동사원형에 -ing를 붙이면 됩니다. be동사를 말하지 않거나, 동사원형만으로 말하지 않게 주의하세요. 보통 부정을 의미하는 not에 강세가 들어가니, 조금 힘을 주어서 말해 보세요.

I'm **not** eating. 저는 먹고 있지 않아요.

She's **not** reading. 그녀는 읽고 있지 않아요.

STEP 3

동사 끝에 -ing를 붙일 때 철자 변경이 필요한 경우가 있습니다. 예를 들어, run은 'running'이 되고, make는 'making'이 됩니다. 규칙을 시험 공부하듯이 외우기보다는, 문장을 연습하면서 나오는 동사를 하나씩 외워 주세요. 아래 규칙은 헷갈릴 때 참고하는 용도로 보면 됩니다.

- 단모음(짧은 모음) 뒤에 단자음(짧은 자음)으로 끝나는 동사는 자음을 한 번 더 반복하고 -ing를 붙입니다. 자음이 강조되어 발음이 자연스러워지도록 하기 위함입니다.
  ex) run ➡ running
- 동사가 e로 끝나면 e를 삭제하고 -ing를 붙입니다.
  ex) make ➡ making
- 동사가 -ee, -ye, -oe로 끝날 때는 e를 삭제하지 않고 그대로 -ing를 붙입니다.
  ex) see ➡ seeing
- 동사가 ie로 끝나면 ie를 y로 바꾸고 -ing를 붙입니다.
  ex) lie ➡ lying

CHAPTER 1

실전 말하기 연습

다음 문장을 주어진
단어를 활용하여 말해 보세요.

01 저는 아침을 먹고 있지 않아요. (having)

02 저는 빨래를 하고 있지 않아요. (doing)

03 우리는 요리하고 있지 않아요. (cooking)

04 그들은 음악을 듣고 있지 않아요. (listening)

05 비가 오고 있지 않아요. (raining)

06 우리는 골프를 치고 있지 않아요. (playing)

07 저는 식탁을 치우고 있지 않아요. (clearing)

08 그녀는 샤워를 하고 있지 않아요. (taking)

09 그녀는 전화 통화를 하고 있지 않아요. (talking)

10 그녀는 시험 공부를 하고 있지 않아요. (studying)

일반동사 현재시제, 현재진행형

만든 문장이 맞는지 확인하고,
큰소리로 읽어 보세요.

01 I'm not having breakfast.

02 I'm not doing the laundry.

03 We're not cooking.

04 They're not listening to music.

05 It's not raining.

06 We're not playing golf.

07 I'm not clearing the table.

08 She's not taking a shower.

09 She's not talking on the phone.

10 She's not studying for the test.

CHAPTER 1

현재진행형 의문문
~하고 있어?

UNIT 06

Are you driving?

STEP 1

현재진행형 의문문은 지금 이 순간에 일어나고 있는 행동에 대해 묻고 싶을 때 사용합니다. 일상 생활에서 '지금 ~하고 있니?'와 같은 질문을 할 때 매우 유용합니다. 현재진행형 의문문은 'be동사(am, is, are) + 주어 + 동사-ing?' 형태로 만들어집니다.

예를 들어, 친구에게 "너는 운전하고 있니?"라고 묻고 싶다면, 영어로는 "Are you driving?"이라고 말할 수 있습니다. 여기서 driving은 '운전하다'라는 뜻의 동사 drive에 -ing를 붙여 만든 형태입니다.

현재진행형 의문문을 사용해서 문장을 만들어 보세요.

Are you running? 달리고 있어요?

Are you driving? 운전 중이세요?

Are you coming? 오고 있어요?

STEP 2

여러분은 지금 무엇을 하고 있나요? 이 책을 보면서 '영어 공부'를 하는 중일 겁니다. 이렇게 지금 이 순간 하고 있는 행동을 나타낼 때는 현재진행형을 사용할 수 있습니다. 현재시제와 현재진행형의 차이를 가장 잘 드러내는 문장은 아래와 같습니다.

What do you do? 무슨 일을 하세요?
What are you doing? 뭐 하고 있어요?

첫 번째 문장은 '평소에 늘 하는 일'에 대해 물어보고 있습니다. 직업은 평소에 늘 하는 일이라고 볼 수 있습니다. 그래서 직업을 물어보거나 말할 때 현재시제를 사용할 수 있습니다. 하지만, 두 번째 문장은 단순히 '지금 이 순간에' 무엇을 하고 있는지 물어보고 있습니다.

STEP 3

의문사 when(언제), where(어디에서), what(무엇을), why(왜), how(어떻게) 등과 함께 사용해서 현재진행형 의문문을 만들 수 있습니다. 이 경우 의문사가 문장 맨 앞에 옵니다.

What are you doing? 뭐 하고 있어요?
Where is he going? 그는 어디로 가고 있나요?
Why are they laughing? 그들은 왜 웃고 있나요?

CHAPTER 1

실전 말하기 연습

다음 문장을 주어진 단어를 활용하여 말해 보세요.

01 지금 장난해요? (kidding)

02 샤워를 하고 있나요? (taking)

03 영화 보고 있어요? (watching)

04 그녀는 자고 있어요? (sleeping)

05 비가 오고 있나요? (raining)

06 그들은 점심을 먹고 있나요? (having)

07 그녀는 테니스를 치고 있나요? (playing)

08 제 말 듣고 있어요? (listening)

09 그들은 지금 농구를 하고 있나요? (playing, now)

10 그들은 회의를 하고 있나요? (having, meeting)

일반동사 현재시제, 현재진행형

만든 문장이 맞는지 확인하고,
큰소리로 읽어 보세요.

01 Are you kidding?

02 Are you taking a shower?

03 Are you watching a movie?

04 Is she sleeping?

05 Is it raining?

06 Are they having lunch?

07 Is she playing tennis?

08 Are you listening to me?

09 Are they playing basketball now?

10 Are they having a meeting?

인생의 전환점이 될 영어회화 수업

CHAPTER 2

be동사 현재시제, 과거시제

Better late than never!

CHAPTER 2

be동사 평서문
~이다

UNIT 07

I'm tired.

STEP 1

be동사 평서문은 주어의 상태나 존재를 설명할 때 사용합니다. 일상 생활에서 '~이다'와 같은 문장을 만들 때 유용합니다. be동사는 am, is, are의 형태로 사용되며, 주어에 따라 변합니다. I일 때는 am을, he/she/it일 때는 is를, you/we/they일 때는 are를 사용합니다. 예를 들어, "저는 피곤해요."라고 말하고 싶다면, 영어로는 "I'm tired."라고 말할 수 있습니다. 여기서 am은 주어 I에 맞는 be동사이고, tired는 '피곤한'이라는 의미를 나타내는 형용사입니다.

be동사만 놓고 보면 그 자체만으로는 의미가 없습니다. 자기만의 뜻이 없이 주어와 이후 내용들을 이어 주는 역할을 합니다. 그런 면에서 수학에서 사용하는 '=' 기호와 많이 닮았다고 할 수 있습니다.

be동사 평서문을 사용해서 문장을 만들어 보세요.

I **am** tired. 저는 피곤해요.
I **am** hungry. 저는 배가 고파요.
You **are** right. 당신 말이 맞아요.

be동사 현재시제, 과거시제

STEP 2

be동사는 '~이다, 어떠하다, ~에 있다'라는 의미를 가지고 있습니다.
아래는 be동사가 많이 사용되는 상황을 3가지로 정리했습니다. 공식처럼 외우기보다는 참고 정도로 기억해 주세요. 많은 문장들을 말하고 들으면 내용을 자연스럽게 기억할 수 있습니다.

① 뒤에 주어가 누군지를 나타내는 말이 오면 '~이다'

I **am** a teacher. 나는 선생님이다.

② 뒤에 주어의 상태를 나타내는 말이 오면 '어떠하다'

She **is** happy. 그녀는 행복하다.

③ 뒤에 장소를 나타내는 말이 오면 '~에 있다'

They **are** in the office. 그들은 사무실에 있다.

STEP 3

일상 생활에서 원어민들은 더 자연스럽고 빠르게 말하기 위해 be동사의 축약형을 많이 사용합니다.

I am ➡ I'm /아임/

You are ➡ You're /유얼/

He is / She is ➡ He's / She's /히즈/, /쉬즈/

We are / They are ➡ We're / They're /위얼/, /데얼/

CHAPTER 2

실전 말하기 연습

다음 문장을 주어진 단어를 활용하여 말해 보세요.

01 그는 똑똑해요. (smart)

02 그것은 제 것이에요. (mine)

03 바깥 날씨가 너무 추워요. (very, outside)

04 저는 차 안에 있어요. (in)

05 저는 의사예요. (doctor)

06 요리를 잘하시네요. (cook)

07 저는 음악에 관심이 있어요. (interested)

08 저는 제 팀이 자랑스러워요. (proud)

09 그는 버스 정류장에 있어요. (at, bus stop)

10 그녀는 내 가장 친한 친구예요. (best friend)

be동사 현재시제, 과거시제

만든 문장이 맞는지 확인하고,
큰소리로 읽어 보세요.

01 He's smart.

02 That's mine.

03 It's very cold outside.

04 I'm in the car.

05 I'm a doctor.

06 You're a good cook.

07 I'm interested in music.

08 I'm proud of my team.

09 He's at the bus stop.

10 She's my best friend.

CHAPTER 2

be동사 부정문
~이 아니다

UNIT 08

STEP 1

be동사의 부정문은 주어가 어떤 상태에 있지 않음을 나타낼 때 사용됩니다. 일상 생활에서 '~이 아니다'와 같은 문장을 만들 때 유용합니다. be동사인 am, is, are 뒤에 'not'을 붙여 부정문을 만듭니다. 이를 통해 주어가 특정 상태가 아님을 표현할 수 있습니다.

예를 들어, "저는 늦지 않았어요."라고 말하고 싶다면, 영어로는 "I am not late."라고 말할 수 있습니다. 여기서 'am not'은 be동사의 부정형을 나타내며, late는 '늦은' 이라는 상태를 나타냅니다.

be동사의 부정문을 사용해서 문장을 만들어 보세요.

I **am not** late. 저는 늦지 않았어요.

I **am not** happy. 저는 행복하지 않아요.

I **am not** from China. 저는 중국 출신이 아니에요.

STEP 2

be동사 부정문도 줄여서 쓸 수 있습니다. 다음처럼 두 가지 방식으로 줄여 쓸 수 있는데, 의미에는 차이가 없습니다. 단, 'I am not'을 줄여 쓸 때는 'I'm not'이라는 축약형만을 사용합니다.

I am not ➡ I'm not
He is not ➡ He's not / He isn't
She is not ➡ She's not / She isn't
It is not ➡ It's not / It isn't
You are not ➡ You're not / You aren't
We are not ➡ We're not / We aren't
They are not ➡ They're not / They aren't

STEP 3

isn't는 /이즌ㅌ/, aren't는 /안ㅌ/라고 발음되는데, 끝에 /ㅌ/ 소리는 약하게 발음되거나 생략될 수 있습니다. 그래서 "She isn't here." 이 문장은 /쉬 이즌 히어/에 가깝게 발음됩니다. 앞부분인 /이/, /안/ 부분에 강세를 강하게 주면서 발음해야 더 자연스럽게 들립니다.

CHAPTER 2

실전 말하기 연습

다음 문장을 주어진 단어를 활용하여 말해 보세요.

01 저는 키가 작지 않아요. (short)

02 당신은 잘생기지 않았어요. (handsome)

03 그는 배가 고프지 않아요. (hungry)

04 그녀는 선생님이 아니에요. (teacher)

05 그는 한국인이 아니에요. (Korean)

06 우리는 화난 게 아니에요. (angry)

07 그들은 좋은 친구가 아니에요. (friends)

08 그건 당신의 잘못이 아니에요. (fault)

09 오늘은 춥지 않아요. (today)

10 그들은 그것에 관심이 없어요. (interested)

be동사 현재시제, 과거시제

만든 문장이 맞는지 확인하고,
큰소리로 읽어 보세요.

01 I'm not short.

02 You're not handsome.

03 He's not hungry.

04 She's not a teacher.

05 He's not Korean.

06 We're not angry.

07 They're not good friends.

08 It's not your fault.

09 It's not cold today.

10 They're not interested in it.

CHAPTER 2

be동사 의문문
~이야?

UNIT 09

STEP 1

be동사 의문문은 주어의 상태나 존재에 대해 질문할 때 사용합니다. 일상 생활에서 '~이니?'와 같은 질문을 할 때 매우 유용합니다. be동사 의문문은 'be동사(am, is, are) + 주어 ~?' 형태로 만들어집니다.

예를 들어, 친구에게 "너는 준비됐니?"라고 묻고 싶다면, 영어로는 "Are you ready?"라고 말할 수 있습니다. 여기서 are는 주어 you에 맞는 be동사이고, ready는 '준비된'이라는 의미를 나타내는 형용사입니다.

be동사 의문문을 사용해서 문장을 만들어 보세요.

Are you ready? 준비됐나요?

Are you serious? 진심이에요?

Are you in the office? 사무실에 계세요?

be동사 현재시제, 과거시제

STEP 2

'Are you ~?'와 'Do you ~?'는 초보자 분들이 가장 많이 헷갈리는 것들 중 하나입니다. 차이를 명확히 이해하고 다양한 예문을 연습하면 'Are you'와 'Do you'를 구별하는 데 도움이 될 겁니다.

Are you tired? 피곤하세요?
Do you exercise? 운동하세요?

'Are you'는 be동사의 현재형으로, 주어의 상태나 존재를 묻는 질문에 사용됩니다. 보통 뒤에 형용사나 명사, 현재진행형 동사-ing가 옵니다. 'Do you'는 일반동사의 현재형을 묻는 질문에 사용됩니다. 주어가 어떤 행동을 하는지 여부를 물을 때 사용됩니다. 상태나 존재를 묻고 싶다면 'Are you'를, 행동이나 습관을 묻고 싶다면 'Do you'를 사용하세요.

STEP 3

자주 사용하는 형용사들을 알아 두면 주어의 상태나 기분을 다양하게 표현할 수 있습니다. 연습을 통해 이러한 형용사들을 자연스럽게 사용해 보세요.

기분이나 감정을 나타내는 형용사
happy 행복한, **angry** 화난, **excited** 신난 …

신체적 상태를 나타내는 형용사
sick 아픈, **hungry** 배고픈, **cold** 추운 …

상태나 상황을 나타내는 형용사
busy 바쁜, **bored** 지루한, **late** 늦은 …

CHAPTER 2

실전 말하기 연습

다음 문장을 주어진 단어를 활용하여 말해 보세요.

01 제가 늦은 건가요? (late)

02 당신은 결혼하셨나요? (married)

03 그게 맞나요? (right)

04 확신하나요? (sure)

05 당신은 여행 준비가 됐어요? (ready, trip)

06 당신은 회의에 늦었어요? (late, meeting)

07 당신은 지금 바쁜가요? (busy)

08 그녀는 집에 있어요? (home)

09 그는 일본인이에요? (Japanese)

10 그들은 사무실에 있나요? (office)

be동사 현재시제, 과거시제

만든 문장이 맞는지 확인하고,
큰소리로 읽어 보세요.

01 Am I late?

02 Are you married?

03 Is that right?

04 Are you sure?

05 Are you ready for the trip?

06 Are you late for the meeting?

07 Are you busy right now?

08 Is she at home?

09 Is he Japanese?

10 Are they in the office?

CHAPTER 2

be동사 과거시제
~이었다

UNIT 10

STEP 1

be동사 과거시제는 주어의 과거 상태나 존재를 설명할 때 사용합니다. 일상 생활에서 '~이었다'와 같은 문장을 만들 때 매우 유용합니다. be동사의 과거형은 was와 were의 형태로 사용되며, 주어에 따라 변합니다. I, she, he일 때는 was를, you, we, they일 때는 were를 사용합니다.

예를 들어, "제가 틀렸어요."라고 말하고 싶다면, 영어로는 "I was wrong."이라고 말할 수 있습니다. 여기서 was는 주어 I에 맞는 be동사의 과거형이고, wrong은 '틀린'이라는 의미를 나타내는 형용사입니다.

be동사 과거시제를 사용해서 문장을 만들어 보세요.

I **was** wrong. 제가 틀렸어요.

I **was** a student. 저는 학생이었어요.

We **were** at home. 우리는 집에 있었어요.

be동사 현재시제, 과거시제

과거의 특정 시점의 상태나, 그때 느꼈던 감정에 대해서 말하고 싶을 때는 be동사의 과거시제를 사용해 보세요. be동사 현재시제에서 배웠던 3가지 특징을 과거시제로 다시 한 번 정리해 보겠습니다.

① 뒤에 주어가 누군지를 나타내는 말이 오면 '~이었다'
I was a teacher. 나는 선생님이었다.

② 뒤에 주어의 상태를 나타내는 말이 오면 '어떠했다'
She was happy. 그녀는 행복했다.

③ 뒤에 장소를 나타내는 말이 오면 '~에 있었다'
They were in the office. 그들은 사무실에 있었다.

STEP 3

be동사의 현재형인 am, is, are는 주어와 붙여서 짧게 줄여 쓸 수 있습니다. 예를 들어, I am은 I'm, They are는 They're처럼 줄일 수 있습니다. 그런데 과거형인 was와 were는 앞에 w가 있어서 주어와 붙여서 쓸 수 없습니다. 그래서 I was나 They were처럼 항상 따로 써야 합니다.

CHAPTER 2

실전 말하기 연습

다음 문장을 주어진 단어를 활용하여 말해 보세요.

01 그거 좋았어요! (great)

02 그건 저렴했어요. (cheap)

03 그건 불공평했어요. (unfair)

04 전 실망했어요. (disappointed)

05 끔찍한 하루였어요. (terrible)

06 우리는 작년에 같은 반이었어요. (same, last year)

07 영화가 꽤 지루했어요. (quite, boring)

08 그는 훌륭한 선생님이었어요. (great)

09 저는 하루 종일 집에 있었어요. (all day)

10 그들은 지난 여름에 뉴욕에 있었어요. (last summer)

be동사 현재시제, 과거시제

만든 문장이 맞는지 확인하고,
큰소리로 읽어 보세요.

01 It was great!

02 It was cheap.

03 It was unfair.

04 I was disappointed.

05 It was a terrible day.

06 We were in the same class last year.

07 The movie was quite boring.

08 He was a great teacher.

09 I was at home all day.

10 They were in New York last summer.

CHAPTER 2

be동사 과거시제 부정문
~이 아니었다

UNIT 11

I was not there.

STEP 1

be동사 과거시제의 부정문은 주어의 과거 상태나 존재가 아니었다는 것을 말할 때 씁니다. 일상 생활에서 '~이 아니었다'와 같은 문장을 만들 때 매우 유용합니다. be동사 과거시제 부정문은 was not(wasn't)과 were not(weren't)의 형태로 사용됩니다. 예를 들어, "저는 거기에 있지 않았어요."라고 말하고 싶다면, 영어로는 "I was not there."라고 말할 수 있습니다. 여기서 was는 주어 I에 맞는 be동사의 과거형이고, not은 부정을 나타냅니다.

be동사 과거시제 부정문을 사용해서 문장을 만들어 보세요.

I **was not** angry. 저는 화가 나지 않았어요.
I **was not** hungry. 저는 배가 고프지 않았어요.
I **was not** there. 저는 거기 없었어요.

be동사 현재시제, 과거시제

STEP 2

be동사 과거시제의 부정문도 줄여 쓸 수 있습니다.

I was not ➡ I wasn't
He was not ➡ He wasn't
She was not ➡ She wasn't
It was not ➡ It wasn't
You were not ➡ You were't
We were not ➡ We weren't
They were not ➡ They weren't

STEP 3

wasn't/워즌ㅌ/와 weren't/워언ㅌ/ 발음에 주의해 주세요. 앞부분인 /워/에 강세를 주면 더 자연스럽게 늘립니다. 뒤에 있는 /ㅌ/는 빠르게 말하다 보면 생략될 수 있습니다.

He **wasn't** there. /히 워즌(트) 데얼/
They **weren't** happy. /데이 워언(트) 햅삐/

CHAPTER 2

실전 말하기 연습

다음 문장을 주어진 단어를 활용하여 말해 보세요.

01 저는 늦지 않았어요. (late)

02 그건 사실이 아니었어요. (true)

03 저는 긴장하지 않았어요. (nervous)

04 우리는 행복하지 않았어요. (happy)

05 그것은 저렴하지 않았어요. (cheap)

06 저는 디자인을 잘 하지 못했어요. (design)

07 저는 오늘 아침에 배고프지 않았어요. (hungry)

08 그 책은 탁자 위에 없었어요. (table)

09 회의는 길지 않았어요. (long)

10 어젯밤에 레스토랑이 열지 않았어요. (restaurant, open)

be동사 현재시제, 과거시제

만든 문장이 맞는지 확인하고,
큰소리로 읽어 보세요.

01 I wasn't late.

02 That wasn't true.

03 I wasn't nervous.

04 We weren't happy.

05 It wasn't cheap.

06 I wasn't good at design.

07 I wasn't hungry this morning.

08 The book wasn't on the table.

09 The meeting wasn't long.

10 The restaurant wasn't open last night.

CHAPTER 2

be동사 과거시제 의문문
~이었어?

UNIT 12

STEP 1

be동사 과거시제의 의문문은 주어의 과거 상태나 존재에 대해 질문할 때 사용합니다. 일상 생활에서 '~이었어?'와 같은 질문을 할 때 쓰입니다. be동사 과거시제 의문문은 was와 were를 사용하여 만드는데, 주어에 따라 형태가 달라집니다. I, she, he일 때는 was를, you, we, they일 때는 were를 사용합니다.

예를 들어, 친구에게 "너는 화났었니?"라고 묻고 싶다면, 영어로는 "Were you angry?"라고 말할 수 있습니다. 여기서 were는 주어 you에 맞는 be동사의 과거형이고, angry는 '화난'이라는 의미를 나타내는 형용사입니다.

be동사 과거시제 의문문을 사용해서 문장을 만들어 보세요.

Were you late? 늦었어요?
Were you sad? 슬펐어요?
Were you in the office? 사무실에 있었어요?

be동사 현재시제, 과거시제

STEP 2

be동사 과거시제 평서문에서 배웠던 문장을 의문문으로 바꿔 보세요. 과거형 be동사 was와 were를 문장의 앞으로 보내고, 끝에 물음표를 붙이면 됩니다.

You were a teacher. 당신은 선생님이었어요.
➡ Were you a teacher? 당신은 선생님이었나요?
She was happy. 그녀는 행복했어요.
➡ Was she happy? 그녀는 행복했나요?
They were in the office. 그들은 사무실에 있었어요.
➡ Were they in the office? 그들은 사무실에 있었나요?

STEP 3

be동사 과거시제 의문문에 대한 대답은 be동사 현재시제 의문문과 같습니다. am, is, are만 was, were로 바꾸면 됩니다.

A: Were you a teacher? 당신은 선생님이었나요?
B: Yes, I was. 네, 저는 선생님이었어요.

CHAPTER 2

실전 말하기 연습

다음 문장을 주어진 단어를 활용하여 말해 보세요.

01 당신은 배가 고팠어요? (hungry)

02 당신은 좋은 학생이었어요? (student)

03 그는 화가 났었어요? (angry)

04 그는 똑똑했어요? (smart)

05 그 영화 좋았어요? (good)

06 당신은 회의에 늦었나요? (late, meeting)

07 어젯밤 날씨가 추웠어요? (last night)

08 그 뮤지컬 재미있었어요? (musical, interesting)

09 그들은 고등학교 때 친구였나요? (high school)

10 작년에 그가 당신의 선생님이었나요? (teacher)

be동사 현재시제, 과거시제

만든 문장이 맞는지 확인하고,
큰소리로 읽어 보세요.

01 Were you hungry?

02 Were you a good student?

03 Was he angry?

04 Was he smart?

05 Was the movie good?

06 Were you late for the meeting?

07 Was it cold last night?

08 Was the musical interesting?

09 Were they friends in high school?

10 Was he your teacher last year?

인생의 전환점이 될 영어회화 수업

CHAPTER 3

일반동사 과거시제, 과거진행형

Better late than never!

CHAPTER 3

일반동사 과거시제
~했다

UNIT 13

I had dinner.

STEP 1

일반동사 과거시제는 주어가 과거에 한 행동을 설명할 때 사용합니다. 일상 생활에서 '~했다'와 같은 문장을 만들 때 유용합니다. 일반동사 과거시제는 동사에 'ed'를 붙여 만들지만, 불규칙 동사는 다른 형태로 변합니다.

예를 들어, "저는 저녁을 먹었어요."라고 말하고 싶다면, 영어로는 "I had dinner."라고 말할 수 있습니다. 여기서 had는 have의 과거형이고, dinner는 '저녁 식사'를 의미합니다.

일반동사 과거시제를 사용해서 문장을 만들어 보세요.

I **cleaned** my room. 저는 방을 청소했어요.

He **bought** a new car last month.
그는 지난달에 새 차를 샀어요.

She **went** shopping last weekend.
그녀는 지난 주말에 쇼핑을 갔어요.

일반동사 과거시제, 과거진행형

모든 동사가 규칙대로 변하면 좋겠지만, 그렇지 않은 동사들도 있습니다. 이런 동사들은 규칙을 따르지 않고 불규칙하게 변하기 때문에 불규칙 동사라고 부릅니다.

ex) go ➡ went / have ➡ had / put ➡ put

불규칙 동사까지 한 번에 다 외우려면 너무 어렵게 느껴질 겁니다. 그래서 많은 문장을 접하고 말해 보면서 자연스럽게 익히는 것을 추천합니다. go처럼 자주 쓰는 동사들은 바로 went가 나올 수 있게 반복 연습해 주세요.

과거시제를 사용할 때는 그 일이 언제 일어났는지를 나타내는 표현을 함께 쓰면 더 구체적으로 의미를 전달할 수 있습니다. 예를 들어, yesterday(어제), last night (지난밤), two years ago(2년 전)와 같은 표현을 사용할 수 있습니다.

I watched a movie **yesterday**. 저는 어제 영화를 봤어요.

She finished her homework **last night**.
그녀는 지난밤에 숙제를 끝냈어요.

They traveled to Japan **two years ago**.
그들은 2년 전에 일본에 갔어요.

CHAPTER 3

실전 말하기 연습

다음 문장을 주어진
단어를 활용하여 말해 보세요.

01 그는 친구들과 축구를 했어요. (soccer)

02 우리는 어젯밤에 영화를 봤어요. (watched)

03 그들은 지난 여름에 파리에 여행을 갔어요. (Paris, summer)

04 우리는 멋진 레스토랑에서 저녁을 먹었어요. (dinner, nice)

05 그녀는 저녁에 개를 산책시켰어요. (walked, evening)

06 우리는 지난 토요일에 쇼핑을 하러 갔어요. (went shopping)

07 저는 지난밤에 숙제를 끝냈어요. (finished, homework)

08 그들은 방과 후에 농구를 했어요. (after school)

09 저는 지난 주말에 조부모님을 방문했어요. (visited, weekend)

10 그는 가족을 위해 저녁을 요리했어요. (cooked, family)

일반동사 과거시제, 과거진행형

만든 문장이 맞는지 확인하고,
큰소리로 읽어 보세요.

01 He played soccer with his friends.

02 We watched a movie last night.

03 They traveled to Paris last summer.

04 We had dinner at a nice restaurant.

05 She walked her dog in the evening.

06 We went shopping last Saturday.

07 I finished my homework last night.

08 They played basketball after school.

09 I visited my grandparents last weekend.

10 He cooked dinner for his family.

CHAPTER 3

일반동사 과거시제 부정문
~하지 않았다

UNIT 14

STEP 1

일반동사 과거시제 부정문은 주어가 과거에 어떤 행동을 하지 않았다는 것을 설명할 때 사용합니다. 일상 생활에서 '~하지 않았다'와 같은 문장을 만들 때 유용합니다. 일반동사 과거시제 부정문은 did not 또는 didn't와 동사원형을 사용하여 만듭니다.
예를 들어, "저는 아이스크림을 먹지 않았어요."라고 말하고 싶다면, 영어로는 "I didn't eat ice cream."이라고 말할 수 있습니다. 여기서 didn't는 did not의 줄임말이고, eat은 '먹다'라는 의미를 나타내는 동사입니다.
일반동사 과거시제 부정문을 사용해서 문장을 만들어 보세요.

I didn't go to the gym. 저는 헬스장에 가지 않았어요.
I didn't have breakfast. 저는 아침을 먹지 않았어요.
I didn't go to work yesterday. 저는 어제 출근하지 않았어요.

일반동사 과거시제, 과거진행형

STEP 2

현재시제에서는 주어에 따라 don't와 doesn't를 구분해야 하지만, 과거시제는 주어에 상관없이 did not(didn't)을 사용합니다. 일상적인 대화에서는 축약형인 didn't가 더 많이 사용됩니다. 말할 때 더 자연스럽고 간결하게 들리기 때문입니다.

She **goes** shopping every day. 그녀는 매일 쇼핑하러 가요.
➡ She **doesn't go** shopping every day.
그녀는 매일 쇼핑하러 가지 않아요.

She **went** shopping yesterday. 그녀는 어제 쇼핑하러 갔어요.
➡ She **didn't go** shopping yesterday.
그녀는 어제 쇼핑하러 가지 않았어요.

STEP 3

didn't 다음에는 항상 동사원형을 사용해야 합니다. did를 통해서 이미 '과거시제'라는 것을 나타냈기 때문입니다. 영어는 반복해서 표현하는 것을 좋아하지 않습니다.

They **cleaned** the room. 그들은 방을 청소했어요.
They **didn't clean** the room. 그들은 방을 청소하지 않았어요.

CHAPTER 3

실전 말하기 연습

다음 문장을 주어진 단어를 활용하여 말해 보세요.

01 저는 이메일을 보내지 않았어요. (send)

02 저는 어제 영화를 보지 않았어요. (yesterday)

03 저는 오늘 아침에 알람을 듣지 못했어요. (hear, alarm)

04 저는 그 책을 읽지 않았어요. (read)

05 그는 그 버스를 타지 않았어요. (take)

06 저는 어제 학교에 가지 않았어요. (school)

07 그녀는 노트북을 가져오지 않았어요. (bring, laptop)

08 그는 나에게 다시 전화하지 않았어요. (call, back)

09 그녀는 파티에 오지 않았어요. (come, party)

10 우리는 오늘 가게를 열지 않았어요. (open, store)

일반동사 과거시제, 과거진행형

만든 문장이 맞는지 확인하고,
큰소리로 읽어 보세요.

01 I didn't send the email.

02 I didn't watch a movie yesterday.

03 I didn't hear the alarm this morning.

04 I didn't read the book.

05 He didn't take the bus.

06 I didn't go to school yesterday.

07 She didn't bring her laptop.

08 He didn't call me back.

09 She didn't come to the party.

10 We didn't open the store today.

CHAPTER 3

일반동사 과거시제 의문문
~했어?

UNIT 15

Did you go to school?

STEP 1

일반동사 과거시제 의문문은 주어가 과거에 한 행동을 물어볼 때 사용합니다. 일상 생활에서 '~했어?'와 같은 질문을 할 때 유용합니다. 일반동사 과거시제 의문문은 Did를 사용하여 만듭니다. 주어와 동사원형이 Did 뒤에 옵니다.

예를 들어, 친구에게 "너는 학교에 갔니?"라고 묻고 싶다면, 영어로는 "Did you go to school?"이라고 말할 수 있습니다. 여기서 did는 과거시제를 나타내며, go는 '가다'라는 의미의 동사원형입니다.

일반동사 과거시제 의문문을 사용해서 문장을 만들어 보세요.

Did you wash the dishes? 설거지를 했나요?
Did you hear the news? 그 소식을 들었나요?
Did you clean your room? 방을 청소했나요?

일반동사 과거시제, 과거진행형

STEP 2

부정문에서 연습했던 것처럼 주어 다음에는 동사원형을 사용해 주세요. did를 통해서 '과거시제'라는 것을 말했기 때문에 한 번 더 나타낼 필요가 없습니다.

You watched television. 당신은 텔레비전을 봤어요.
➡ Did you watch television? 당신은 텔레비전을 봤나요?

She went shopping yesterday. 그녀는 어제 쇼핑하러 갔어요.
➡ Did she go shopping yesterday?
그녀는 어제 쇼핑하러 갔나요?

STEP 3

대답할 때는 뒤에 반복되는 내용은 생략하고 "Yes, I did." 혹은 "No, I didn't." 이렇게 간단하게 말할 수 있습니다. 현재시제에서 연습했던 것과 방식은 같습니다. don't와 doesn't가 didn't로 바뀌었다고 생각하면 됩니다.

A: Did you watch television? 너는 텔레비전을 봤나요?
B: Yes, I did. 네, 봤어요.
A: Did she go shopping yesterday?
그녀는 어제 쇼핑하러 갔나요?
B: No, she didn't. 아뇨, 가지 않았어요.

CHAPTER 3

실전 말하기 연습

다음 문장을 주어진 단어를 활용하여 말해 보세요.

01 헬스장에 갔나요? (gym)

02 피아노 연습을 했나요? (practice)

03 제시간에 출근했나요? (on time)

04 어젯밤 파티 즐거웠나요? (enjoy, party)

05 지난 주말에 쇼핑을 갔나요? (go shopping)

06 제가 중요한 걸 놓쳤나요? (miss, important)

07 그녀는 시험에 합격했나요? (pass)

08 그들은 작년에 함께 여행했나요? (travel)

09 그들은 휴가를 갔나요? (vacation)

10 오늘 아침에 아침을 먹었나요? (breakfast)

일반동사 과거시제, 과거진행형

만든 문장이 맞는지 확인하고,
큰소리로 읽어 보세요.

01 Did you go to the gym?

02 Did you practice the piano?

03 Did you get to work on time?

04 Did you enjoy the party last night?

05 Did you go shopping last weekend?

06 Did I miss something important?

07 Did she pass the exam?

08 Did they travel together last year?

09 Did they go on vacation?

10 Did you have breakfast this morning?

CHAPTER 3

과거진행형 평서문
~하는 중이었다

UNIT 16

STEP 1

과거진행형은 과거의 특정 시점에 어떤 행동이 진행 중이었다는 것을 설명할 때 사용합니다. 일상 생활에서 '~하는 중이었다'와 같은 문장을 만들 때 매우 유용합니다. 과거진행형은 'was/were + 동사-ing' 형태로 만들어집니다.

예를 들어, "저는 영어를 공부하는 중이었어요."라고 말하고 싶다면, 영어로는 "I was studying English."라고 말할 수 있습니다. 여기서 was는 주어 I에 맞는 be동사의 과거형이고, studying은 study의 진행형입니다.

과거진행형을 사용해서 문장을 만들어 보세요.

I was sleeping. 저는 자고 있었어요.

I was cooking dinner. 저는 저녁을 요리하고 있었어요.

I was playing golf. 저는 골프를 치고 있었어요.

일반동사 과거시제, 과거진행형

과거진행형은 '~하는 중이었다'라는 뜻으로, 어떤 일이 진행되는 중이었음을 나타냅니다. 반면, 과거시제는 '~했다'라는 뜻으로, 어떤 일이 이미 끝난 상태를 말합니다.

I **was having** dinner. 저는 저녁을 먹고 있었어요.
He **called** me. 그는 저에게 전화했어요.

이 두 용법은 다음처럼 함께 쓸 수 있습니다.

I **was having** dinner when he **called** me.
그가 저에게 전화했을 때 저는 저녁을 먹고 있었어요.

과거진행형을 사용할 때는 at that time(그때), when(언제), while(~ 동안)과 같은 시간 표현을 함께 쓰면 의미를 더 구체적으로 전달할 수 있습니다.

I was having dinner **at that time**.
저는 그때 저녁을 먹고 있었어요.

She was reading a book **when** I called her.
제가 전화했을 때 그녀는 책을 읽고 있었어요.

They were playing **while** it was raining.
비가 오는 동안 그들은 놀고 있었어요.

CHAPTER 3

실전 말하기 연습

다음 문장을 주어진
단어를 활용하여 말해 보세요.

01 저는 버스를 기다리고 있었어요. (waiting)

02 저는 라디오를 듣고 있었어요. (listening)

03 그는 영어 공부를 하고 있었어요. (studying)

04 그녀는 늦게까지 일하고 있었어요. (working)

05 당신이 전화했을 때 저는 TV를 보고 있었어요. (watching, called)

06 당신이 도착했을 때 저는 자고 있었어요. (sleeping, arrived)

07 전화가 울렸을 때 그는 샤워를 하고 있었어요. (taking, rang)

08 우리는 7시에 저녁을 먹고 있었어요. (having)

09 그들은 그때 숙제를 하고 있었어요. (doing, at that time)

10 제가 도착했을 때 그들은 TV를 보고 있었어요. (arrived)

일반동사 과거시제, 과거진행형

만든 문장이 맞는지 확인하고,
큰소리로 읽어 보세요.

01 I was waiting for the bus.

02 I was listening to the radio.

03 He was studying English.

04 She was working late.

05 I was watching TV when you called.

06 I was sleeping when you arrived.

07 He was taking a shower when the phone rang.

08 We were having dinner at 7 PM.

09 They were doing their homework at that time.

10 They were watching TV when I arrived.

CHAPTER 3

과거진행형 부정문
~하는 중이 아니었다

UNIT 17

I was not swimming.

STEP 1

과거진행형 부정문은 주어가 과거의 특정 시점에 어떤 행동을 하지 않았다는 것을 설명할 때 사용합니다. 일상 생활에서 '~하는 중이 아니었다'와 같은 문장을 만들 때 유용합니다. 과거진행형 부정문은 'was not(wasn't)/were not(weren't) + 동사-ing' 형태로 만들어집니다.

예를 들어, "저는 수영하는 중이 아니었어요."라고 말하고 싶다면, 영어로는 "I was not swimming."이라고 말할 수 있습니다. 여기서 was not은 주어 I에 맞는 be동사의 부정형이고, swimming은 swim의 진행형입니다.

과거진행형 부정문을 사용해서 문장을 만들어 보세요.

I was not[wasn't] sleeping. 저는 자고 있지 않았어요.
I was not[wasn't] having lunch. 저는 점심을 먹고 있지 않았어요.
I was not[wasn't] doing my homework.
저는 숙제를 하고 있지 않았어요.

일반동사 과거시제, 과거진행형

STEP 2

일상 대화에서는 축약형인 wasn't와 weren't가 더 많이 사용됩니다. 말할 때 더 자연스럽고 간편하기 때문입니다.

저는 음악을 듣고 있지 않았어요.
I **was not** listening to music.
➡ I **wasn't** listening to music.

STEP 3

동사 끝에 -ing를 붙일 때 철자 변경이 필요한 경우가 있습니다. 예를 들어, run은 n을 하나 더 붙여 running이 되고, swim은 m을 하나 더 붙여 swimming이 됩니다.

I wasn't **running**. 저는 달리고 있지 않았어요.
He wasn't **swimming**. 그는 수영하고 있지 않았어요.

CHAPTER 3

실전 말하기 연습

다음 문장을 주어진 단어를 활용하여 말해 보세요.

01 저는 책을 읽고 있지 않았어요. (reading)

02 저는 낮잠을 자고 있지 않았어요. (taking, nap)

03 저는 코트를 입고 있지 않았어요. (wearing)

04 저는 편지를 쓰고 있지 않았어요. (writing)

05 저는 학교에 걸어가고 있지 않았어요. (walking)

06 저는 피아노를 치고 있지 않았어요. (playing)

07 그들은 공원에서 걷고 있지 않았어요. (walking, park)

08 그는 방을 청소하고 있지 않았어요. (cleaning)

09 우리는 저녁을 만들고 있지 않았어요. (making)

10 그들은 운동하고 있지 않았어요. (working out)

일반동사 과거시제, 과거진행형

만든 문장이 맞는지 확인하고,
큰소리로 읽어 보세요.

01 I wasn't reading a book.

02 I wasn't taking a nap.

03 I wasn't wearing a coat.

04 I wasn't writing a letter.

05 I wasn't walking to school.

06 I wasn't playing the piano.

07 They weren't walking in the park.

08 He wasn't cleaning his room.

09 We weren't making dinner.

10 They weren't working out.

CHAPTER 3

과거진행형 의문문
~하는 중이었어?

UNIT 18

Were you waiting for me?

STEP 1

과거진행형 의문문은 과거의 특정 시점에 어떤 행동이 진행 중이었는지를 물어볼 때 사용합니다. 일상 생활에서 '~하는 중이었어?'와 같은 질문을 할 때 매우 유용합니다. 과거진행형 의문문은 'was/were + 주어 + 동사-ing?' 형태로 만들어집니다.

예를 들어, 친구에게 "너는 나를 기다리고 있었어?"라고 묻고 싶다면, 영어로는 "Were you waiting for me?"라고 말할 수 있습니다. 여기서 were는 주어 you에 맞는 be동사의 과거형이고, waiting은 wait의 진행형입니다.

과거진행형 의문문을 사용해서 문장을 만들어 보세요.

Were you studying? 당신은 공부하고 있었나요?

Were you cooking dinner? 당신은 저녁을 요리하고 있었나요?

Were you reading a book? 당신은 책을 읽고 있었나요?

일반동사 과거시제, 과거진행형

STEP 2

과거진행형 의문문에는 was/were를 사용해야 하는데, did를 사용해서 잘못된 문장을 만드는 경우가 종종 있습니다. 헷갈리지 않게 조심해 주세요.

Did you playing football? (X)
Were you playing football? (O) 당신은 축구를 하고 있었나요?

STEP 3

과거진행형 의문문인 'Were you ~?'는 과거의 특정 시점에 계속 진행 중이었던 동작이나 사건을 물어봅니다. 반면, 과거시제 의문문 'Did you ~?'는 과거에 이미 완료된 동작이나 사건을 물어봅니다.

<u>Did</u> you study last night? 어젯밤에 공부했나요? **완료된 동작**

<u>Were</u> you studying at 8 PM last night?
어젯밤 8시에 공부하고 있었나요? **특정 시점에 진행 중인 일**

CHAPTER 3

다음 문장을 주어진
단어를 활용하여 말해 보세요.

01 그녀와 이야기하고 있었어요? (talking)

02 집을 청소하고 있었어요? (cleaning)

03 TV를 보고 있었어요? (watching)

04 오후 10시에 자고 있었어요? (sleeping)

05 공원에서 조깅하고 있었어요? (jogging)

06 그들은 테니스를 치고 있었어요? (playing)

07 그가 도착했을 때 저녁을 먹고 있었어요? (having, arrived)

08 내가 전화했을 때 TV를 보고 있었어요? (watching, called)

09 당신이 집을 떠날 때 비가 오고 있었나요? (raining, left)

10 당신이 집에 도착했을 때 아이들이 자고 있었나요? (sleeping)

일반동사 과거시제, 과거진행형

만든 문장이 맞는지 확인하고,
큰소리로 읽어 보세요.

01 Were you talking to her?

02 Were you cleaning the house?

03 Were you watching TV?

04 Were you sleeping at 10 PM?

05 Were you jogging in the park?

06 Were they playing tennis?

07 Were you having dinner when he arrived?

08 Were you watching TV when I called?

09 Was it raining when you left the house?

10 Were the children sleeping when you got home?

인생의 전환점이 될 영어회화 수업

CHAPTER 4
현재완료시제

Better late than never!

CHAPTER 4

현재완료시제
기본 개념

UNIT 19

He has changed his phone number.

STEP 1

현재완료시제는 과거와 현재를 연결하는 시제입니다. 주어가 과거에 어떤 행동을 했고, 그 결과가 현재에도 영향을 미치는 경우, 현재완료시제를 사용합니다.

현재완료시제는 'have/has + 과거분사' 형태로 만들어집니다. 주어가 I, you, we, they일 때는 have를, 주어가 he, she, it일 때는 has를 사용합니다. 과거분사는 일반적으로 동사원형 뒤에 -ed를 붙입니다. 하지만 형태가 불규칙적으로 변하는 동사들도 있습니다. 이것도 많이 사용하는 것 위주로 하나씩 암기해 나가야 합니다.

예를 들어, "He has changed his phone number."는 "그가 그의 전화번호를 바꿨어요."라는 뜻으로, 과거의 행동이 현재에도 영향을 미치고 있다는 것을 의미합니다. 그래서 지금도 전화번호는 바뀐 상태인 것을 알 수 있습니다.

현재완료시제를 사용해서 문장을 만들어 보세요.

I have lost my wallet. 제 지갑을 잃어버렸어요.
I have seen a lion. 저는 사자를 본 적이 있어요.
I have already done it. 이미 다 끝냈어요.

현재완료시제

현재완료시제와 과거시제를 비교해 보겠습니다. 과거시제는 과거의 특정 시점에 일어난 일을 나타내지만, 현재완료시제는 과거의 일이 현재에 영향을 미치거나 관련이 있을 때 사용됩니다.

I lived in New York last year. 저는 작년에 뉴욕에 살았어요.
I have lived in New York for 3 years.
저는 뉴욕에서 3년 동안 살고 있어요.

현재완료시제 문장을 사용하면 '지금도' 뉴욕에 살고 있다는 것을 강조할 수 있습니다.

I have는 줄여서 I've라고 말할 수 있습니다. 구어체에서는 I've를 더 많이 사용합니다. she has와 he has는 각각 she's, he's로 말할 수 있습니다.

I've changed my phone. 저는 휴대폰을 바꿨어요.
She's bought a new bag. 그녀는 새 가방을 샀어요.

CHAPTER 4

실전 말하기 연습

다음 문장을 주어진 단어를 활용하여 말해 보세요.

01 저는 그를 한 번 만난 적이 있어요. (met, once)

02 저는 캐나다에 가 본 적이 있어요. (been)

03 저는 돈을 다 써 버렸어요. (spent)

04 그들은 런던에 도착했어요. (arrived)

05 그녀는 3월부터 여기서 일했어요. (worked, since)

06 저는 월요일부터 아팠어요. (been, sick)

07 우리는 이미 점심을 먹었어요. (had)

08 저는 그 영화를 본 적이 있어요. (seen)

09 그는 새 휴대폰을 샀어요. (bought)

10 그녀가 이미 고양이에게 밥을 줬어요. (fed)

현재완료시제

만든 문장이 맞는지 확인하고,
큰소리로 읽어 보세요.

01 I've met him once.

02 I've been to Canada.

03 I've spent all my money.

04 They've arrived in London.

05 She's worked here since March.

06 I've been sick since Monday.

07 We've already had lunch.

08 I've seen that movie.

09 He's bought a new phone.

10 She's already fed the cat.

CHAPTER 4

현재완료시제 계속 용법
계속 ~해 왔다

UNIT 20

STEP 1

현재완료시제는 과거에 시작된 일이 현재까지 계속되는 경우에 사용됩니다. 이를 '계속' 용법이라고 부릅니다. 이 용법은 과거에 시작하여 지금까지 계속되는 일을 이야기할 때 유용합니다. 'have/has + 과거분사' 형태로 이루어지며, 여기에 'for + 기간' 또는 'since + 시작 시점'을 함께 사용합니다.

예를 들어, "I've lived here for two years."는 "저는 2년 동안 여기에서 살고 있어요."라는 뜻입니다. 이 문장은 과거에 이곳에 살기 시작했고, 지금까지 계속 살고 있음을 나타냅니다.

현재완료시제 계속 용법을 사용해서 문장을 만들어 보세요.

I've known him for 3 years. 저는 그를 안 지 3년 되었어요.

I've used this phone for two years.
저는 이 휴대폰을 2년 동안 사용해 왔어요.

I've played the piano since childhood.
저는 어린 시절부터 피아노를 쳐 왔어요.

현재완료시제

계속 용법은 과거에 시작된 행동이나 상태가 지금도 지속되고 있음을 나타낼 때 사용합니다. 이때 for와 since 같은 표현을 사용하여 시간이 얼마나 지났는지를 말할 수 있습니다.

for + 기간: 특정 기간 동안

I've lived here for 5 years. 저는 여기서 5년 동안 살고 있어요.

since + 시작 시점: 특정 시점 이후로

I've worked here since 2018.
저는 2018년부터 여기에서 일하고 있어요.

현재완료진행형은 과거에 시작된 동작이 지금까지 계속되고 있음을 말합니다. 그리고 그 동작이 지금도 진행 중임을 강조합니다. '주어 + have/has + been + 동사-ing'로 만들 수 있습니다.

I've been waiting for an hour.
저는 한 시간 동안 기다리고 있어요.

She's been talking for two hours.
그녀는 두 시간 동안 이야기하고 있어요.

CHAPTER 4

다음 문장을 주어진 단어를 활용하여 말해 보세요.

01 저는 여기에서 7년 동안 살아 왔어요. (lived)

02 저는 2015년부터 이 회사에서 일해 왔어요. (worked, company)

03 저는 3년 동안 영어를 공부해 왔어요. (studied)

04 나는 10년 동안 안경을 써 왔어요. (worn)

05 저는 1월부터 이 수업에 참석해 왔어요. (attended)

06 그는 어제부터 아파요. (been)

07 우리는 8년 동안 서로 알고 지내 왔어요. (known)

08 그들은 10년 동안 결혼 생활을 해 왔어요. (married)

09 그는 지난달부터 다이어트를 해 왔어요. (on a diet)

10 그녀는 5년 동안 교사로 일해 왔어요. (been)

현재완료시제

만든 문장이 맞는지 확인하고,
큰소리로 읽어 보세요.

01 I've lived here for 7 years.

02 I've worked at this company since 2015.

03 I've studied English for 3 years.

04 I've worn glasses for 10 years.

05 I've attended this class since January.

06 He's been sick since yesterday.

07 We've known each other for 8 years.

08 They've been married for 10 years.

09 He's been on a diet since last month.

10 She's been a teacher for 5 years.

CHAPTER 4

현재완료시제 경험 용법
~해 본 적이 있다

UNIT 21

STEP 1

현재완료시제는 과거의 경험을 나타낼 때 사용됩니다. 이를 '경험' 용법이라고 부릅니다. 이 용법은 특정 시점에 일어난 사건이 아니라, 과거에 겪었던 경험을 말하는 데 유용합니다. 'have/has + 과거분사' 형태로 이루어집니다.

예를 들어, "I've been to Paris."는 "저는 파리에 가 본 적이 있어요."라는 의미로, 특정 시점이 아닌 과거의 경험을 말합니다. 이렇게 과거의 중요한 경험을 강조하고, 그 경험이 지금도 나에게 의미가 있음을 나타낼 수 있습니다.

현재완료시제 경험 용법을 사용해서 문장을 만들어 보세요.

I've baked a cake. 저는 케이크를 구워 본 적이 있어요.
I've played the guitar. 그는 기타를 쳐 본 적이 있어요.
I've played tennis. 저는 테니스를 쳐 본 적이 있어요.

현재완료시제

현재완료시제에서 before가 들어가면, 그 경험이 이전에 한 번이라도 있었다는 것을 강조하게 됩니다. Before는 '전에', '이전에'라는 의미가 있습니다.

> **She's visited London before.**
> 그녀는 전에 런던을 방문한 적이 있어요.
>
> **They've seen that movie before.**
> 그들은 전에 그 영화를 본 적이 있어요.

과거에 어떤 일을 몇 번 해 봤는지 말할 때 주로 once(한 번), twice(두 번), three times(세 번) 같은 표현을 사용합니다. 이렇게 하면 경험을 더 구체적으로 설명할 수 있습니다.

> **I've been to London twice.**
> 저는 런던에 두 번 가 본 적이 있어요.
>
> **He's played that game twice.**
> 그는 그 게임을 두 번 해 본 적이 있어요.
>
> **She's taken the test three times.**
> 그녀는 그 시험을 세 번 본 적이 있어요.

CHAPTER 4

실전 말하기 연습

다음 문장을 주어진 단어를 활용하여 말해 보세요.

01 저는 스시를 먹어 본 적이 있어요. (tried)

02 저는 체스를 둬 본 적이 있어요. (played)

03 저는 일본에 가 본 적이 있어요. (been)

04 저는 말을 타 본 적이 있어요. (ridden)

05 저는 전에 그 책을 읽은 적이 있어요. (read)

06 그녀는 뉴욕을 방문한 적이 있어요. (visited)

07 우리는 세계 일주를 한 적이 있어요. (traveled, around)

08 그는 해외에서 공부한 적이 있어요. (abroad)

09 그녀는 요리 수업을 들은 적이 있어요. (taken)

10 그들은 이탈리아 음식을 먹어 본 적이 있어요. (tried)

현재완료시제

만든 문장이 맞는지 확인하고,
큰소리로 읽어 보세요.

01 I've tried sushi.

02 I've played chess.

03 I've been to Japan.

04 I've ridden a horse.

05 I've read that book before.

06 She's visited New York.

07 We've traveled around the world.

08 He's studied abroad.

09 She's taken a cooking class.

10 They've tried Italian food.

CHAPTER 4

현재완료시제 완료 용법
~을 이미 다 했다

UNIT 22

I've finished my homework.

STEP 1

현재완료시제는 과거에 완료된 일이 현재와 관련이 있을 때 사용됩니다. 완료를 뜻하는 현재완료시제를 활용해서 이미 끝난 일이나 최근에 완료된 일에 대해 이야기할 수 있습니다. 'have/has + 과거분사' 형태로 이루어집니다.

예를 들어, "I've finished my homework."는 "저는 숙제를 끝냈어요."라는 의미로, 과거에 숙제를 끝낸 일이 현재와 관련이 있음을 나타냅니다. 즉, 지금 숙제가 다 끝난 상태라는 의미입니다.

현재완료시제 완료 용법을 사용해서 문장을 만들어 보세요.

I've done the laundry. 저 빨래를 다 했어요.
I've cleaned the house. 저는 집을 청소했어요.
I've packed my bags. 저는 가방을 쌌어요.

STEP 2

현재완료시제의 완료 용법을 사용할 때는 just(방금), already(이미)와 같은 부사와 함께 사용하여 의미를 더욱 명확하게 할 수 있습니다.

> I've **just** arrived home. 저는 방금 집에 도착했어요.
>
> I've **already** read the book. 저는 이미 그 책을 읽었어요.

STEP 3

과거시제는 과거에 일어난 일을 말할 때 사용합니다. 하지만 과거에 했던 일이 지금에도 영향을 미치고 있다면, 현재완료시제를 사용해야 합니다.

I finished my homework yesterday.
저는 어제 숙제를 끝냈어요. **끝난 사건만을 언급**

I have finished my homework.
저는 숙제를 끝냈어요. **다 끝난 상태가 지금도 유지 중**

단순히 어제 숙제를 끝냈다고 말하고 싶다면 과거시제를 사용합니다. 하지만 숙제를 다 끝냈고 그 완료 상태가 현재에도 이어지고 있음을 말하고 싶을 때는 현재완료시제를 쓰면 됩니다.

CHAPTER 4

실전 말하기 연습

다음 문장을 주어진 단어를 활용하여 말해 보세요.

01 저는 방금 도착했어요. (arrived)

02 저는 편지를 썼어요. (written)

03 저는 방금 아침을 먹었어요. (had)

04 저는 이미 점심을 먹었어요. (had)

05 그는 이미 잠자리에 들었어요. (gone)

06 그녀는 방금 샤워를 했어요. (taken)

07 그들은 이미 그 영화를 봤어요. (seen)

08 우리는 그 영화를 봤어요. (seen)

09 그들은 방금 회의를 마쳤어요. (finished)

10 우리는 이미 박물관에 방문했어요. (visited)

현재완료시제

만든 문장이 맞는지 확인하고,
큰소리로 읽어 보세요.

01 I've just arrived.

02 I've written a letter.

03 I've just had breakfast.

04 I've already had lunch.

05 He's already gone to bed.

06 She's just taken a shower.

07 They've already seen that movie.

08 We've seen that movie.

09 They've just finished the meeting.

10 We've already visited the museum.

CHAPTER 4

현재완료시제 부정문
계속 ~하지 않았다 / ~해 본 적 없다 / 아직 ~ 못했다

UNIT 23

We haven't met before.

STEP 1

현재완료시제는 과거에 시작된 일이 현재까지 이어지고 있거나, 경험한 일, 또는 최근에 완료된 일을 표현할 때 사용됩니다. 이 시제의 부정문은 'have/has + not + 과거분사' 형태로, 특정 경험이 없었거나 어떤 일이 완료되지 않았음을 나타내거나, 상태가 현재까지 지속되고 있지 않음을 표현하는 데 쓰입니다.

예를 들어, "We haven't met before."는 "우리는 전에 만난 적이 없어요."라는 의미로, 과거에 만난 적이 없음을 나타냅니다. 현재완료시제의 부정문은 주로 과거의 특정 경험이 없었음을 강조할 때 사용됩니다.

현재완료시제 부정문을 사용해서 문장을 만들어 보세요.

I **have not seen** that movie. 저는 그 영화를 본 적이 없어요.
I **have not had** dinner yet. 저 아직 저녁을 못 먹었어요.
It **has not rained** for weeks. 몇 주 동안 비가 오지 않았어요.

현재완료시제

현재완료시제 부정문은 특정한 경험이나 상태가 없었음을 말할 때 사용됩니다. 이때 'never'를 사용하여 한 번도 해 보지 않았다는 것을 더욱 강조할 수 있습니다.

- **have/has never + 과거분사: 결코 ~한 적이 없다**

    ex) I have <u>never</u> been to Korea. 저는 한 번도 한국에 가 본 적이 없어요.

현재완료시제 부정문은 특정한 동작이 아직 완료되지 않았음을 나타낼 때 사용됩니다. 이때 'yet'을 사용하여 아직 그 일이 일어나지 않았다는 것을 더욱 강조할 수 있습니다.

- **have/has not + 과거분사 + yet: 아직 ~하지 않았다**

    ex) I have not finished my homework <u>yet</u>.

    저는 아직 숙제를 끝내지 않았어요.

현재완료시제의 부정문을 말할 때, 'have not'과 'has not'은 축약하여 haven't/해 번ㅌ/와 hasn't/해전ㅌ/로 발음하는 것이 더 자연스럽습니다. 앞부분인 /해/에 강세를 주면서 시작하고, 끝소리인 /ㅌ/는 빠르게 말하다 보면 생략되기도 합니다.

I **haven't** seen that movie. 저는 그 영화를 본 적이 없어요.
I **haven't** had dinner yet. 저 아직 저녁을 못 먹었어요.
It **hasn't** rained for weeks. 몇 주 동안 비가 오지 않았어요.

CHAPTER 4

실전 말하기 연습

다음 문장을 주어진 단어를 활용하여 말해 보세요.

01 저는 어제부터 한숨도 못 잤어요. (slept, since)

02 저는 아무것도 듣지 못했어요. (heard)

03 저는 누구에게도 거짓말을 해 본 적이 없어요. (lied)

04 저는 그 책을 읽은 적이 없어요. (read)

05 그녀는 태국에 가 본 적이 없어요. (Thailand)

06 그들은 전에 이 게임을 해 본 적이 없어요. (played)

07 저는 최근에 그들을 보지 못했어요. (recently)

08 그들은 아직 도착하지 않았어요. (arrived, yet)

09 저는 아직 그 책을 사지 않았어요. (bought, yet)

10 그녀는 약을 먹지 않았어요. (taken)

현재완료시제

만든 문장이 맞는지 확인하고,
큰소리로 읽어 보세요.

01 I haven't slept since yesterday.

02 I haven't heard anything.

03 I haven't lied to anyone.

04 I haven't read that book.

05 She hasn't been to Thailand.

06 They haven't played this game before.

07 I haven't seen them recently.

08 They haven't arrived yet.

09 I haven't bought the book yet.

10 She hasn't taken her medicine.

CHAPTER 4

현재완료시제 의문문
계속 ~했어? / ~해 본 적 있어? / ~ 다 했어?

UNIT 24

Have you been to Korea?

STEP 1

현재완료시제 의문문은 과거에 시작되어 현재까지 이어지는 경험, 결과, 혹은 계속되는 상황을 물어볼 때 사용합니다. 기본 형태는 'Have/Has + 주어 + 과거분사?'입니다. 이 시제는 주로 과거의 경험이나 현재까지의 영향을 물어볼 때 씁니다.

예를 들어, "Have you been to Korea?"는 "한국에 가 본 적이 있나요?"라는 의미로, 상대방이 과거에 한국에 가 본 적이 있는지 경험을 물어보는 질문입니다.

현재완료시제 의문문을 사용해서 문장을 만들어 보세요.

Have you been tired all day? 하루 종일 피곤했나요?

Have you read this book? 이 책 읽어 본 적 있어요?

Have you done your homework? 숙제는 다 했어요?

현재완료시제

지금까지 배운 현재완료의 '경험', '계속', '완료' 용법을 사용하여 의문문을 만들어 보세요. '계속적 용법'의 의문문을 만들 때는 How long을 사용하여 '얼마나 오랫동안 해 왔는지'를 물어볼 수 있습니다.

계속: 과거에 시작된 일이 현재까지 계속되고 있는지 물어볼 때

Have you been here all morning? 아침 내내 여기에 있었나요?

경험: 과거에 한 번 이상 일어난 일이나 활동에 대해 물어볼 때

Have you ever tried sushi? 스시를 먹어 본 적이 있어요?

완료: 과거에 어떤 일이 끝났는지, 그 일이 현재에 영향을 미치는지 물어볼 때

Have you finished your homework? 숙제를 다 했어요?

현재완료시제 의문문을 발음할 때, Have나 Has는 약하게 발음되는 경우가 많습니다. 예를 들어, 'Have you/햅야/', 'Has he/해지/', 'Has she/해쉬/', 'Have we/햅위/', 'Have they/햅데이/'처럼 발음됩니다. 빠르게 말할 때 이러한 축약형을 사용하면 더 자연스럽게 들릴 수 있습니다.

CHAPTER 4

실전 말하기 연습

다음 문장을 주어진 단어를 활용하여 말해 보세요.

01 영어를 얼마나 오래 공부했나요? (studied)

02 결혼한 지 얼마나 되었나요? (married)

03 피아노 연주해 봤어요? (played)

04 전에 김치를 먹어 본 적 있어요? (tried, before)

05 제임스를 만난 적이 있어요? (met)

06 밤을 새워 본 적 있어요? (ever, stayed up)

07 그 소식 들었어요? (heard)

08 방 청소는 다 했어요? (cleaned)

09 설거지 다 했어요? (washed)

10 티켓 예약했어요? (booked)

현재완료시제

만든 문장이 맞는지 확인하고,
큰소리로 읽어 보세요.

01 How long have you studied English?

02 How long have you been married?

03 Have you played the piano?

04 Have you tried Kimchi before?

05 Have you met James?

06 Have you ever stayed up all night?

07 Have you heard the news?

08 Have you cleaned your room?

09 Have you washed the dishes?

10 Have you booked the tickets?

인생의 전환점이 될 영어회화 수업

CHAPTER 5

미래시제

Better late than never!

CHAPTER 5

미래시제 평서문
~할 거다

UNIT 25

I will meet a friend.

STEP 1

미래시제는 앞으로 일어날 일이나 할 계획을 말할 때 사용됩니다. 일상 생활에서 '~할 거야'와 같은 문장을 만들 때 매우 유용합니다. 가장 기본적인 미래시제는 'will'을 사용하여 표현할 수 있습니다. 기본 형태는 '주어 + will + 동사원형'이며, 모든 주어에 대해 형태가 변하지 않습니다. will의 기본 느낌은 '의지'입니다. 좀 더 구체적으로 말하면 '앞으로 무엇을 하겠다'는 의지라고 볼 수 있습니다. 말하기 전에 결심이나 계획을 해서 말하는 게 아닙니다. 그냥 그 순간에 '딱' 든 생각을 말하는 겁니다.

예를 들어, "저는 친구를 만날 거예요."라고 말하고 싶다면, 영어로는 "I will meet a friend."라고 할 수 있습니다. 여기서 will은 미래를 나타내고, meet은 '만나다'라는 의미의 동사원형입니다.

미래시제 will을 사용해서 문장을 만들어 보세요.

I will call you back. 다시 전화할게요.
It will rain tomorrow. 내일 비가 올 거예요.
You will love this movie. 당신은 이 영화를 좋아할 거예요.

미래시제

STEP 2

'll은 will의 축약형으로, 주어와 함께 더 간결한 형태로 표현할 수 있습니다. 이는 일상 회화에서 매우 흔하게 사용되며, 보다 자연스럽고 빠르게 말할 수 있게 해 줍니다.

ex) I will → I'll(아을) / you will → you'll(유을) / he will → he'll(힐) / she will → she'll(쉬을) / it will → it'll (잇을) / we will → we'll(위을) / they will → they'll(데을)

I will go to the store. 저는 가게에 갈 거예요.
➡ **I'll go to the store.** /아을 고루 더 스토얼/

STEP 3

'be about to'는 아주 가까운 미래에 무언가를 할 것임을 나타내는 표현입니다. 어떤 일이 곧 일어날 것이라는 의미를 가지고 있으며, 매우 임박한 미래의 계획이나 행동을 말할 때 사용됩니다. will이 일반적으로 미래에 일어날 일을 나타내는 데 반해, 'be about to'는 매우 가까운 미래에 곧 일어날 일을 나타낸다는 차이가 있습니다.

I will leave. 저는 떠날 거예요.
앞으로 떠날 의지를 나타내는 표현

I am about to leave. 저는 곧 떠날 거예요.
아주 가까운 미래에 당장 떠난다는 의미

CHAPTER 5

실전 말하기 연습

다음 문장을 주어진
단어를 활용하여 말해 보세요.

① 기차는 오전 10시에 도착할 거예요. (arrived)

② 그들은 다음 주에 새 집으로 이사할 거예요. (move, next week)

③ 우산을 가져갈게요. (take)

④ 시험을 위해 열심히 공부할 거예요. (hard)

⑤ 그들은 저녁 식사에 우리와 함께 할 거예요. (join)

⑥ 당신의 숙제를 도와줄게요. (help)

⑦ 우리는 내일 회의가 있을 거예요. (have, tomorrow)

⑧ 그는 아마 늦게 도착할 거예요. (probably)

⑨ 그들은 박물관을 방문할 거예요. (visit, museum)

⑩ 그녀는 파티를 위해 케이크를 구울 거예요. (bake, party)

미래시제

만든 문장이 맞는지 확인하고,
큰소리로 읽어 보세요.

01 The train will arrive at 10 AM.

02 They'll move to a new house next week.

03 I'll take an umbrella.

04 I'll study hard for the test.

05 They'll join us for dinner.

06 I'll help you with your homework.

07 We'll have a meeting tomorrow.

08 He'll probably arrive late.

09 They'll visit the museum.

10 She'll bake a cake for the party.

CHAPTER 5

미래시제 부정문
~하지 않을 거다

UNIT 26

I will not go running.

STEP 1

미래시제 부정문은 앞으로 일어나지 않을 일이나 하지 않을 계획을 말할 때 사용됩니다. 일상 생활에서 '~하지 않을 거다'와 같은 문장을 만들 때 매우 유용합니다. 미래시제 부정문은 will not 또는 축약형 won't를 사용하여 만듭니다.

예를 들어, "저는 요리를 하지 않을 거예요."라고 말하고 싶다면, 영어로는 "I will not cook."이라고 말할 수 있습니다. 여기서 will not은 미래의 부정을 나타내며, cook은 '요리를 하다'라는 의미입니다.

미래시제 부정문을 사용해서 문장을 만들어 보세요.

> **I will not** go to bed late. 저는 늦게 자지 않을 거예요.
> **I will not** drink coffee. 저는 커피를 마시지 않을 거예요.
> It **will not** be easy. 쉽지 않을 거예요.

미래시제

won't는 /woʊnt/로 발음됩니다. 아래의 단계를 따라 발음할 수 있습니다.

① 입술을 둥글게 오므리고, /우/ 소리를 냅니다. 이때, 혀는 입천장에 닿지 않습니다.

② 입을 살짝 열고, /오우/ 소리를 냅니다. /오/에 강세를 주고 /우/를 약하게 발음합니다.

③ 혀를 윗니 뒷부분에 닿게 해서 /ㄴ/ 소리를 냅니다.

④ 붙였던 혀를 빠르게 떼며 /ㅌ/ 소리를 냅니다.

위의 소리들을 결합하여 발음하면 됩니다: /우/ + /오우/ + /ㄴ/ + /ㅌ/ = /워운ㅌ/

미래시제를 사용할 때는 tomorrow(내일), next month(다음 달), tonight(오늘 밤) 같은 시간 표현을 함께 사용하면 더 구체적인 의미를 전달할 수 있습니다.

> **I will not go to the party tomorrow.**
> 저는 내일 파티에 가지 않을 거예요.
>
> **I will not watch TV tonight.** 저는 오늘 밤에 TV를 보지 않을 거예요.
>
> **I will not attend the wedding next month.**
> 저는 다음 달에 결혼식에 참석하지 않을 거예요.

CHAPTER 5

실전 말하기 연습

다음 문장을 주어진 단어를 활용하여 말해 보세요.

01 저는 더 이상 정크푸드를 먹지 않을 거예요. (junk food)

02 저는 이 제안을 받아들이지 않을 거예요. (accept, offer)

03 저는 아침을 먹지 않을 거예요. (have)

04 그들은 일본을 여행하지 않을 거예요. (travel)

05 내일은 비가 오지 않을 거예요. (rain)

06 그녀는 내일 회의에 오지 않을 거예요. (come)

07 우리는 계획을 바꾸지 않을 거예요. (change)

08 우리는 늦지 않을 거예요. (late)

09 저는 당신의 생일을 잊지 않을 거예요. (forget)

10 저는 파티에 안 갈 거예요. (go)

미래시제

만든 문장이 맞는지 확인하고,
큰소리로 읽어 보세요.

01 I won't eat junk food anymore.

02 I won't accept this offer.

03 I won't have breakfast.

04 They won't travel to Japan.

05 It won't rain tomorrow.

06 She won't come to the meeting tomorrow.

07 We won't change our plans.

08 We won't be late.

09 I won't forget your birthday.

10 I won't go to the party.

CHAPTER 5

미래시제 의문문
~할 거야?

UNIT 27

Will you be there?

STEP 1

미래시제 의문문은 상대방이 미래에 어떤 행동을 할 것인지 물어볼 때 사용합니다. 일상 생활에서 '~할 거야?'와 같은 질문을 할 때 매우 유용합니다. 미래시제 의문문은 'Will + 주어 + 동사원형?'의 형태로 문장을 구성합니다.

예를 들어, 친구에게 "너는 거기에 있을 거야?"라고 묻고 싶다면, 영어로는 "Will you be there?"라고 말할 수 있습니다. 여기서 will은 미래를 나타내고, be는 '있다'라는 의미의 동사원형입니다.

미래시제 의문문을 사용해서 문장을 만들어 보세요.

Will you join the new club? 새 클럽에 가입할 거예요?
Will you be there? 거기에 있을 거예요?
Will you come to my party? 제 파티에 올 거예요?

미래시제

영화에서 프로포즈 장면을 보면 주인공이 "Will you marry me?(나와 결혼해 줄래요?)"라고 합니다. 이 말은 '나와 결혼할 의지'가 있는지 물어보는 겁니다. 좀 더 구체적으로 말하면 '앞으로 무엇을 하겠다'는 의지라고 볼 수 있습니다. 미래시제 의문문 'Will you ~?'가 입에 잘 붙지 않는다면 이 말을 떠올려 보세요.

영화 〈스위트 홈 앨라배마(Sweet Home Alabama)〉에서 조쉬 루카스가 멜라니에게:

Will you marry me? So I can kiss you anytime I want.
나와 결혼해 줄래? 그러면 내가 원할 때마다 당신에게 키스할 수 있으니까.

'Won't you ~?'는 조금 더 정중하게 부탁할 때 사용할 수 있습니다. 그리고 상대방이 그 행동을 해 주기를 정말로 바라는 느낌이 들어 있습니다.

> **Will you help me?** 저를 도와줄래요?
> ➡ **Won't you help me?** 저를 도와주지 않으시겠어요?

CHAPTER 5

실전 말하기 연습

다음 문장을 주어진 단어를 활용하여 말해 보세요.

01 저녁 식사에 함께 할 거예요? (join)

02 내일 파티에 올 거예요? (come, tomorrow)

03 쇼핑몰에 갈 거예요? (shopping mall)

04 오늘 밤에 영화를 볼 거예요? (watch, tonight)

05 그녀는 제시간에 일을 끝낼까요? (finish, on time)

06 제 숙제 도와줄 거예요? (help, homework)

07 저랑 같이 공원에 갈 거예요? (park)

08 내일 우리와 축구할 거예요? (play)

09 주말 동안 머무를 거예요? (stay, weekend)

10 제 고양이를 돌봐 줄 거예요? (take care of)

미래시제

만든 문장이 맞는지 확인하고,
큰소리로 읽어 보세요.

01 Will you join us for dinner?

02 Will you come to the party tomorrow?

03 Will you go to the shopping mall?

04 Will you watch a movie tonight?

05 Will she finish her work on time?

06 Will you help me with my homework?

07 Will you go to the park with me?

08 Will you play soccer with us tomorrow?

09 Will you stay for the weekend?

10 Will you take care of my cat?

CHAPTER 5

계획을 나타내는 평서문
~할 예정이다

UNIT 28

I'm going to buy new clothes.

STEP 1

'be going to'는 미래에 일어날 계획이나 의도를 나타낼 때 사용됩니다. 일상 생활에서 '~할 예정이다'와 같은 문장을 만들 때 매우 유용합니다. 또한 날씨 등을 말할 때도 'be going to'를 사용할 수 있습니다. 이때는 '어떤 징조가 보이는 것'이라고 볼 수 있습니다. '주어 + be동사 + going to + 동사원형'의 형태로 문장을 구성합니다.

예를 들어, "저는 새 옷을 살 거예요."라고 말하고 싶다면, 영어로는 "I'm going to buy new clothes."라고 말할 수 있습니다. 여기서 'be going to'는 미래의 계획을 나타내고, buy는 '사다'라는 의미의 동사원형입니다.

'be going to'를 사용해서 문장을 만들어 보세요.

I'm going to have a baby. 저는 아기를 가질 거예요.
I'm going to clean my room. 저는 방을 청소할 거예요.
I'm going to ask her out. 그녀에게 데이트 신청을 할 거예요.

STEP 2

'be going to'는 구어체에서 종종 'be gonna'로 축약되어 사용됩니다. 이 축약형은 주로 일상 대화나 비격식적인 상황에서 사용되며, 의미는 동일하지만 좀 더 간결하고 자연스럽게 들립니다. 'going to'를 천천히 발음하면 /고잉 투/이지만, 빠르게 말하면 /거너/로 들립니다. 예를 들어, I'm going to/아임 고잉 투/는 I'm gonna/아임 거너/로 말할 수 있습니다.

저는 새로운 일을 시작할 예정이에요.
I'm going to start a new job.
➡ **I'm gonna** start a new job.

내일 눈이 올 거예요.
It's going to snow tomorrow.
➡ **It's gonna** snow tomorrow.

STEP 3

보통 진행형으로 알려진 'be + 동사-ing' 형태로 미래를 나타낼 수도 있습니다. 위의 'be going to'보다 좀 더 '확정된' 느낌을 주는 미래시제입니다. 내일 있을 콘서트 표를 이미 예매해 두었다면 다음과 같이 말할 수 있습니다. 계획이나 결심의 'be going to' 보다 더 '확정된' 느낌입니다.

I'm going to the concert tomorrow. 내일 콘서트에 갈 거예요.

CHAPTER 5

실전 말하기 연습

다음 문장을 주어진 단어를 활용하여 말해 보세요.

01 퇴근 후에 체육관에 갈 거예요. (gym, after)

02 오늘 오후에 낮잠을 잘 거예요. (nap)

03 시험 준비를 할 거예요. (prepare)

04 우리는 공원에 갈 거예요. (park)

05 그녀는 새 일을 시작할 예정이에요. (start)

06 그녀는 이번 주말에 쇼핑을 갈 거예요. (shopping)

07 그들은 방과 후에 농구를 할 거예요. (play, after)

08 그녀는 내년에 일본에 갈 거예요. (travel, next year)

09 오늘 오후에 비가 올 거예요. (rain)

10 우리 늦겠어요! (late)

미래시제

만든 문장이 맞는지 확인하고,
큰소리로 읽어 보세요.

01 I'm going to go to the gym after work.

02 I'm going to take a nap this afternoon.

03 I'm going to prepare for the test.

04 We're going to go to the park.

05 She's going to start a new job.

06 She's going to go shopping this weekend.

07 They're going to play basketball after school.

08 She's going to travel to Japan next year.

09 It's going to rain this afternoon.

10 We're going to be late!

CHAPTER 5

계획을 나타내는 부정문
~하지 않을 예정이다

UNIT 29

STEP 1

'be not going to'는 미래에 일어나지 않을 일이나 하지 않을 계획을 말할 때 사용됩니다. 일상 생활에서 '~하지 않을 예정이다'와 같은 문장을 만들 때 매우 유용합니다. '주어 + be동사 + not going to + 동사원형'의 형태로 문장을 구성합니다. 이는 이미 결정된 부정적인 계획이나 의도를 나타낼 수 있습니다.

예를 들어, "저는 나가지 않을 거예요."라고 말하고 싶다면, 영어로는 "I'm not going to go out."이라고 말할 수 있습니다. 여기서 'be not going to'는 미래의 부정을 나타내고, 'go out'은 '나가다'라는 의미의 동사원형입니다.

'be not going to'를 사용해서 문장을 만들어 보세요.

I'm not going to have dinner. 저는 저녁을 먹지 않을 거예요.

I'm not going to attend the meeting.
저는 회의에 참석하지 않을 거예요.

I'm not going to call her. 저는 그녀에게 전화하지 않을 거예요.

'I'm not going to'도 구어체에서는 'I'm not gonna'로 줄여서 사용할 수 있습니다. 발음도 /아임 낫 고잉 투/에서 /아임 낫 거너/로 자연스럽게 바뀝니다. 이런 축약형은 주로 친구나 가족과의 일상 대화에서 많이 사용되니, 비격식적인 상황에서는 'I'm not gonna'를 써 보세요.

> 저는 나가지 않을 거예요.
> I'm not going to go out. ➡ I'm not gonna go out.
>
> 그는 당신에게 다시 전화하지 않을 거예요.
> He's not going to call you back.
> ➡ He's not gonna call you back.

not은 항상 'going to' 앞에 위치해야 합니다. 'I'm not going to'를 하나의 패턴처럼 기억하면 헷갈리지 않을 겁니다.

> I going not to watch TV tonight. (X)
> I'm not going to watch TV tonight. (O)
> 오늘 밤에 TV를 보지 않을 거예요.

CHAPTER 5

실전 말하기 연습

다음 문장을 주어진 단어를 활용하여 말해 보세요.

01 오늘 밤에 외식하지 않을 거예요. (eat out)

02 이제 더 이상 정크푸드를 먹지 않을 거예요. (junk food)

03 올해 새 차를 사지 않을 거예요. (buy, this year)

04 새 집으로 이사하지 않을 거예요. (move)

05 그녀는 동아리에 가입하지 않을 거예요. (join, club)

06 이번 주말에 눈이 내리지 않을 거예요. (snow)

07 오늘 밤에 운전하지 않을 거예요. (drive)

08 우리는 내일 회의를 하지 않을 거예요. (have)

09 우리는 이번 토요일에 등산 가지 않을 거예요. (go hiking)

10 그들은 내일 가게를 열지 않을 거예요. (open, store)

미래시제

만든 문장이 맞는지 확인하고,
큰소리로 읽어 보세요.

01 I'm not going to eat out tonight.

02 I'm not going to eat junk food anymore.

03 I'm not going to buy a new car this year.

04 I'm not going to move to a new house.

05 She's not going to join the club.

06 It's not going to snow this weekend.

07 I'm not going to drive tonight.

08 We're not going to have a meeting tomorrow.

09 We're not going to go hiking this Saturday.

10 They're not going to open the store tomorrow.

CHAPTER 5

계획을 나타내는 의문문
~할 예정이야?

UNIT 30

Are you going to travel alone?

STEP 1

'be going to'는 미래에 일어날 계획이나 의도를 나타낼 때 사용됩니다. 의문문 형태로 사용하면 상대방의 미래 계획을 물어볼 수 있습니다. 'Be동사 + 주어 + going to + 동사원형?'의 형태로 문장을 구성합니다.

예를 들어, "혼자 여행할 거예요?"라고 묻고 싶다면, 영어로는 "Are you going to travel alone?"이라고 말할 수 있습니다. 여기서 Are는 주어 you에 맞는 be동사이고, 'going to travel'은 '여행을 갈 계획'이라는 의미입니다.

'Are you going to'를 사용해서 문장을 만들어 보세요.

Are you going to watch the game tonight?
오늘 밤 경기를 볼 거예요?

Are you going to take the bus? 버스를 탈 거예요?

Are you going to make a cake? 케이크를 만들 거예요?

미래시제

'Are you going to/얼 유 고잉 투/'는 'Are you gonna/얼 유 거너/'로 말할 수 있습니다. 이 형태도 구어체와 비격식적인 글에서 사용되며, 일상 대화에서 자주 쓰입니다. 편한 친구나 가족끼리는 'Are you gonna ~?'라고 말해 보세요.

내일 체육관에 갈 거예요?

Are you going to go to the gym tomorrow?
➡ **Are you gonna** go to the gym tomorrow?

영어를 배울 거예요?

Are you going to learn English?
➡ **Are you gonna** learn English?

문장을 만들 때, 주어와 동사가 맞아야 합니다. 'be going to'를 사용해서 미래에 할 일을 말할 때, 주어에 맞는 동사를 사용하는지 확인해 주세요.

Is you going to buy a new car? (X)

Are you going to buy a new car? (O) 새 차를 살 거예요?

CHAPTER 5

실전 말하기 연습

다음 문장을 주어진 단어를 활용하여 말해 보세요.

01 혼자 여행할 거예요? (alone)

02 그녀에게 사실을 말할 거예요? (tell, truth)

03 이번 주말에 부모님을 방문할 거예요? (visit, parents)

04 그 책을 읽을 거예요? (read)

05 내년에 헬스장에 등록할 거예요? (join)

06 이번 주말에 집을 청소할 거예요? (clean)

07 오늘 밤에 공부할 거예요? (study)

08 다음 달에 여행 갈 거예요? (travel)

09 회의에 참석할 거예요? (attend)

10 새 차를 살 거예요? (buy)

미래시제

만든 문장이 맞는지 확인하고,
큰소리로 읽어 보세요.

01 Are you going to travel alone?

02 Are you going to tell her the truth?

03 Are you going to visit your parents this weekend?

04 Are you going to read that book?

05 Are you going to join the gym next year?

06 Are you going to clean the house this weekend?

07 Are you going to study tonight?

08 Are you going to travel next month?

09 Are you going to attend the meeting?

10 Are you going to buy a new car?

인생의 전환점이 될 영어회화 수업

CHAPTER 6

조동사

Better late than never!

CHAPTER 6

능력과 가능성을 나타내는 표현
~할 수 있다

UNIT 31

STEP 1

능력과 가능성을 나타내는 can은 누군가가 어떤 일을 할 수 있는지, 또는 어떤 일이 가능한지를 나타낼 때 사용됩니다. 일상 생활에서 '~할 수 있다'와 같은 말을 할 때 매우 유용합니다. 주어가 누구든지 간에 can을 사용하며, 항상 동사원형과 함께 사용됩니다. 예를 들어, "저는 영어를 할 수 있어요."라고 말하고 싶다면, 영어로는 "I can speak English."라고 말할 수 있습니다. 여기서 can은 능력을 나타내고, speak은 '말하다'라는 의미의 동사원형입니다.

can을 사용해서 문장을 만들어 보세요.

I <u>can</u> make a sandwich. 저는 샌드위치를 만들 수 있어요.
I <u>can</u> speak Japanese. 저는 일본어를 할 수 있어요.
I <u>can</u> play the guitar. 저는 기타를 칠 수 있어요.

조동사

STEP 2

조동사 can의 시점을 과거로 돌려 보겠습니다. 지금은 아니지만 과거에 할 수 있었던 일을 말할 때는 could를 사용할 수 있습니다.

> I **can** swim. 저는 수영할 수 있어요.
>
> ➡ I **could** swim when I was young.
> 저는 어렸을 때 수영할 수 있었어요.

STEP 3

'~할 수 없어'라고 하는 부정문은 can, could 뒤에 not을 붙이면 됩니다. cannot과 could not은 각각 can't, couldn't라고 줄여 말할 수 있는데, 실제 대화에서는 축약형을 더 많이 사용합니다. can't는 /캐앤트/, couldn't는 /쿠든트/로 발음하는데, 첫 음절인 '캐'와 '쿠'에 강세가 있습니다. 실제 대화에서는 끝의 't' 발음이 약하게 들리거나 생략되기도 합니다.

> I **can't** eat spicy food. 저는 매운 걸 못 먹어요.
>
> I **couldn't** sleep all night. 저는 밤새 잘 수 없었어요.

CHAPTER 6

실전 말하기 연습

다음 문장을 주어진 단어를 활용하여 말해 보세요.

01 저는 스페인어를 할 수 있어요. (speak)

02 그들은 파티에 올 수 있어요. (come)

03 저는 혼자서 숙제를 할 수 있어요. (do, by myself)

04 저는 금요일까지 프로젝트를 끝낼 수 있어요. (finish, by)

05 우리는 내년 여름에 스페인으로 여행 갈 수 있어요. (travel)

06 메인 스트리트에서 그 가게를 찾을 수 있어요. (find, Main Street)

07 휴대폰을 찾을 수가 없어요. (cell phone)

08 더 이상 술을 마실 수 없어요. (drink)

09 숙제를 일찍 끝낼 수 있었어요. (finish, early)

10 그 영화를 이해할 수 없었어요. (understand)

조동사

만든 문장이 맞는지 확인하고,
큰소리로 읽어 보세요.

01 I can speak Spanish.

02 They can come to the party.

03 I can do my homework by myself.

04 I can finish the project by Friday.

05 We can travel to Spain next summer.

06 You can find the store on Main Street.

07 I can't find my cell phone.

08 I can't drink anymore.

09 I could finish my homework early.

10 I couldn't understand the movie.

CHAPTER 6

요청과 허가를 나타내는 표현
~해도 될까?

UNIT 32

Can I sit here?

STEP 1

'Can I ~?'는 상대방에게 허가를 요청할 때 사용하는 표현입니다. 일상 생활에서 '~해도 될까?'와 같은 문장을 만들 때 유용합니다. 이 표현을 사용하여 상대방의 허락을 구할 수 있습니다. 기본 구조는 'Can I + 동사원형?'입니다.

예를 들어, 공공장소에서 빈자리에 앉고 싶을 때 "여기에 앉아도 될까요?"라고 물어보고 싶다면, 영어로는 "Can I sit here?"라고 말할 수 있습니다. 여기서 sit은 '앉다'라는 뜻의 동사인데, 앞에 'Can I'를 붙여서 허가를 요청하는 의문문을 만듭니다. 이렇게 'Can I'를 사용하면 상대방의 허락을 공손하게 구할 수 있습니다.

'Can I'를 사용해서 문장을 만들어 보세요.

Can I come in? 들어가도 될까요?

Can I park here? 여기에 주차해도 될까요?

Can I get a discount? 할인을 받을 수 있을까요?

조동사

STEP 2

'Can I ~?'는 자신이 어떤 행동을 해도 되는지 허락을 구하는 표현입니다. 반면에, 'Can you ~?'는 상대방에게 어떤 행동을 해 달라고 요청하는 표현입니다. 두 표현 모두 상대방의 동의를 구하거나 요청하는 데 사용되지만, 주어가 '나'인지 '너'인지에 따라 사용 목적이 달라집니다.

내가 창문을 열어도 되는지 허락을 구할 때
Can I open the window? 제가 창문을 열어도 될까요?

상대방에게 창문을 열어 달라고 요청할 때
Can you open the window? 창문 좀 열어줄 수 있어요?

STEP 3

'Can I ~?'는 일상 생활에서 허락을 구할 때 많이 사용되는 표현이지만, 더 공손하게 말하고 싶을 때는 'May I ~?'와 'Could I ~?'를 사용할 수 있습니다. May는 허가를 구하는 의미를 가지고 있으며, 상대방의 권한을 더 존중하는 뉘앙스를 전달합니다. Could는 Can보다 덜 직접적이고, 더 부드럽게 요청하는 느낌을 줍니다.

여기 앉아도 될까요?
Can I sit here?  **May[Could] I** sit here?

CHAPTER 6

실전 말하기 연습

다음 문장을 주어진 단어를 활용하여 말해 보세요.

01 당신의 전화기를 써도 될까요? (use)

02 당신의 펜을 빌려도 될까요? (borrow)

03 질문 하나만 해도 될까요? (ask, question)

04 영수증을 받을 수 있을까요? (get, receipt)

05 불을 꺼도 될까요? (turn off)

06 이거 입어 봐도 될까요? (try)

07 창문 좀 열어줄 수 있나요? (open, window)

08 나중에 전화해 줄 수 있나요? (call, later)

09 잠깐만 기다려 줄 수 있나요? (wait)

10 잠시 당신의 노트북을 사용해도 될까요? (laptop, while)

조동사

만든 문장이 맞는지 확인하고,
큰소리로 읽어 보세요.

01 Can I use your phone?

02 Can I borrow your pen?

03 Can I ask you a question?

04 Can I get a receipt?

05 Can I turn off the lights?

06 Can I try this on?

07 Can you open the window?

08 Can you call me later?

09 Can you wait a minute?

10 Can I use your laptop for a while?

CHAPTER 6

애매한 추측과 허가
~일지도 모른다

UNIT 33

STEP 1

may와 might는 가능성이나 추측을 나타낼 때 사용합니다. 일상 생활에서 '~일지도 모른다'와 같은 문장을 만들 때 유용합니다. '주어 + may/might + 동사원형'의 형태로 문장을 구성합니다. may와 might는 가능성을 나타낼 때 거의 같은 의미로 사용됩니다. might는 may의 과거형이 아닙니다. 일상 대화에서는 may보다 might를 더 많이 사용합니다.

예를 들어, "내일 비가 올지도 몰라요."라고 말하고 싶다면, 영어로는 "It might rain tomorrow."라고 말할 수 있습니다. 여기서 might는 가능성을 나타내고, rain은 '비가 오다'라는 의미의 동사원형입니다. 확률로 따지면 5:5 정도입니다. 내일 비가 올지 안 올지는 확실히 모르겠는데, 그냥 왠지 올 것 같은 딱 그 정도의 느낌입니다.

might를 사용해서 문장을 만들어 보세요.

It **might** rain later. 나중에 비가 올지도 몰라요.

The bus **might** be late. 버스가 늦을지도 몰라요.

She **might** like this song. 그녀가 이 노래를 좋아할지도 몰라요.

'~하지 않을지도 모른다'라고 부정할 때는 may와 might 뒤에 not을 붙이면 됩니다. 어떤 일이 일어나지 않을 가능성이 있다고 말하는 것입니다.

> **It may[might] not rain tomorrow.**
> 내일 비가 오지 않을 수도 있어요.
>
> **She might not be at home.** 그녀가 집에 없을지도 몰라요.
>
> **I might not finish it today.** 오늘 끝내지 못할지도 몰라요.

'might not'은 어떤 일이 일어날 가능성이 낮음을 나타낼 때 사용됩니다. 'could not'은 이와 달리 어떤 일이 일어날 가능성이 전혀 없음을 강조할 때 사용됩니다.

> **It might not be true.** 그것이 사실이 아닐지도 몰라요.
>
> **It could not be true.** 그것이 사실일 리가 없어요.

CHAPTER 6

실전 말하기 연습

다음 문장을 주어진 단어를 활용하여 말해 보세요.

01 밖이 추울지도 몰라요. (outside)

02 그거 너무 비쌀지도 몰라요. (expensive)

03 그녀가 파티에 올지도 몰라요. (come)

04 그가 도서관에 있을지도 몰라요. (library)

05 저는 다음 달에 여행할지도 몰라요. (travel)

06 그가 회의에 늦을지도 몰라요. (late)

07 그가 도움이 필요할지도 몰라요. (help)

08 그들이 회의를 취소할지도 몰라요. (cancel)

09 우리는 내일 해변에 갈지도 몰라요. (beach)

10 우리가 더 많은 의자가 필요할지도 몰라요. (need)

조동사

만든 문장이 맞는지 확인하고,
큰소리로 읽어 보세요.

01 It might be cold outside.

02 It might be too expensive.

03 She might come to the party.

04 He might be at the library.

05 I might travel next month.

06 He might be late for the meeting.

07 He might need some help.

08 They might cancel the meeting.

09 We might go to the beach tomorrow.

10 We might need more chairs.

CHAPTER 6

확신을 가진 추측과 강한 의무감

UNIT 34

분명히 ~할 것이다 / 반드시 ~해야 한다

STEP 1

must는 확신을 가진 추측이나 강한 의무감을 나타낼 때 사용됩니다. 일상 생활에서 '분명히 ~할 것이다', '반드시 ~해야 한다'와 같은 문장을 만들 때 매우 유용합니다. '주어 + must + 동사원형'의 형태로 문장을 구성합니다. must는 현재나 미래에 대한 강한 확신을 표현하거나, 해야 할 강한 의무를 나타냅니다.

예를 들어, "그거 재미있겠어요."라고 말하고 싶다면, 영어로는 "It must be fun."이라고 말할 수 있습니다. 여기서 must는 확신을 나타내고, be는 '~이다'라는 의미의 동사원형입니다.

must를 사용해서 의무와 추측의 문장을 만들어 보세요.

You **must** be disappointed. 실망했겠어요.

We **must** finish this work. 우리는 반드시 이 일을 끝내야 해요.

조동사

STEP 2

must not은 '절대 ~하면 안 된다'는 강한 금지를 나타내거나, '~가 아닌 게 틀림없다'고 강한 확신의 느낌으로 부정을 하는 겁니다.

> You **must not** drive tonight. 오늘 밤에는 운전하면 안 돼요.
> It **must not** be true. 사실이 아닌 게 틀림없어요.

STEP 3

우리는 보통 자기가 확실히 아는 분야에 대해서는 아주 강한 확신을 가지고 말합니다. 90% 이상의 확신을 가지고 분명히 그럴 것이라고 추측할 때는 조동사 must를 사용할 수 있습니다. 확신의 강도로 따지면 앞에서 배웠던 might와 반대편에 있다고 볼 수 있습니다.

> It **might** be dangerous. 그건 위험할지도 몰라요.
> It **must** be dangerous. 그건 분명히 위험할 거예요.

아이가 플라스틱 장난감을 가지고 놀고 있다면 '위험할지도 모르겠는데.'라고 생각하여 might를 사용하겠지만, 유리로 된 물건을 가지고 논다면 must를 사용해야 합니다. 유리로 된 물건은 90% 이상의 확률로 위험하기 때문입니다.

CHAPTER 6

실전 말하기 연습

다음 문장을 주어진 단어를 활용하여 말해 보세요.

01 피곤하시겠어요. (tired)

02 그녀는 분명히 배가 고플 거예요. (hungry)

03 그것은 사실임에 틀림없어요. (true)

04 그는 이 근처에 사는 게 틀림없어요. (near here)

05 그들은 틀림없이 집에 있을 거예요. (at home)

06 조심해야 해요. (careful)

07 표를 구입하셔야 해요. (ticket)

08 우리는 조용히 해야 해요. (keep)

09 당신은 반드시 회의에 참석해야 해요. (attend)

10 우리는 반드시 제시간에 도착해야 해요. (on time)

조동사

만든 문장이 맞는지 확인하고,
큰소리로 읽어 보세요.

01 You must be tired.

02 She must be hungry.

03 It must be true.

04 He must live near here.

05 They must be at home.

06 You must be careful.

07 You must buy a ticket.

08 We must keep quiet.

09 You must attend the meeting.

10 We must arrive on time.

CHAPTER 6

의무감을 나타내는 표현
~을 해야 한다

UNIT 35

I have to wake up early.

STEP 1

'have to'는 어떤 일을 해야만 하는 의무감을 나타낼 때 사용됩니다. 일상 생활에서 '~해야 한다'와 같은 문장을 만들 때 매우 유용합니다. '주어 + have/has to + 동사원형'의 형태로 문장을 구성합니다. 이는 외부의 규칙이나 상황에 의해 해야만 하는 일에 대해 말할 수 있습니다.

예를 들어, "저는 일찍 일어나야 해요."라고 말하고 싶다면, 영어로는 "I have to wake up early."라고 말할 수 있습니다. 여기서 'have to'는 의무감을 나타내고, 'wake up'은 '일어나다'라는 의미의 동사원형입니다.

아침 일찍 출근해야 하는 직장인에게 늦게까지 술을 마시자고 묻는다면 어떨까요? 다음 날 늦잠을 잘 수 있고 해서 곤란한 기분이 들 겁니다. 이런 경우, 위 예문처럼 have to를 사용해서 거절할 수 있습니다. 'have to'를 사용해서 문장을 만들어 보세요.

You **have to** take your medicine. 약을 드셔야 해요.
She **has to** go to work now. 그녀는 지금 일하러 가야 해요.
We **have to** do our homework. 우리는 숙제를 해야 해요.

조동사

STEP 2

have to는 must가 하지 못하는 역할을 대신 해 주기도 합니다. '내가 꼭 해야 하나요?'처럼 의문문을 만들거나, '~해야 했어'처럼 과거형을 만들 때 must 대신 have to를 사용할 수 있습니다.

Do I have to get up early tomorrow?
내일 일찍 일어나야 하나요?

I had to get up early yesterday. 어제 일찍 일어나야 했어요.

STEP 3

주의해야 할 점이 있는데, 부정문인 must not과 don't have to의 차이입니다. must not은 어떤 행동을 하면 안 된다는 강한 금지의 의미를 가지고 있는 반면에, don't have to는 이와 반대로 어떤 행동을 꼭 할 필요는 없다는 의미입니다. 의미가 전혀 다르다는 것을 기억해 주세요.

You **must not** get up late. 늦게 일어나서는 안 돼요.

You **don't have to** get up early. 일찍 일어날 필요 없어요.

CHAPTER 6

실전 말하기 연습

다음 문장을 주어진 단어를 활용하여 말해 보세요.

01 저는 숙제를 끝내야만 해요. (finish)

02 우리는 장을 봐야 해요. (grocery shopping)

03 그는 시험공부를 해야 해요. (study)

04 저는 내일 일찍 일어나야 해요. (wake up)

05 우리는 발표를 준비해야 해요. (prepare, presentation)

06 학교에서 유니폼을 입어야 해요. (uniform)

07 그는 금요일까지 보고서를 끝내야 해요. (finish, report)

08 그는 매일 피아노를 연습해야 해요. (practice, every day)

09 그녀는 하루에 두 번 약을 먹어야 해요. (take, medicine)

10 우리는 도서관에서 조용히 해야 해요. (quiet, library)

조동사

만든 문장이 맞는지 확인하고,
큰소리로 읽어 보세요.

01 I have to finish my homework.

02 We have to do some grocery shopping.

03 He has to study for the test.

04 I have to wake up early tomorrow.

05 We have to prepare for the presentation.

06 You have to wear a uniform at school.

07 Hc has to finish his report by Friday.

08 He has to practice the piano every day.

09 She has to take her medicine twice a day.

10 We have to be quiet in the library.

CHAPTER 6

가벼운 조언을 나타내는 표현
~하는 게 좋겠다

UNIT 36

You should drink more water.

STEP 1

should는 가벼운 조언이나 권유를 나타낼 때 사용됩니다. 일상 생활에서 '너는 ~하는 게 좋겠다'와 같은 문장을 만들 때 유용합니다. '주어 + should + 동사원형'의 형태로 문장을 구성합니다. should를 활용해서 다른 사람에게 충고하거나 의견을 말할 수 있습니다.

예를 들어, "물을 더 마시는 게 좋겠어요."라고 조언하고 싶다면, 영어로는 "You should drink more water."라고 말할 수 있습니다. 여기서 should는 조언을 나타내고, drink는 '마시다'라는 의미의 동사원형입니다.

should를 사용해서 문장을 만들어 보세요.

You **should** wear a coat. 코트를 입는 게 좋겠어요.
You **should** quit drinking. 술을 끊는 게 좋겠어요.
You **should** tell the truth. 진실을 말하는 게 좋겠어요.

STEP 2

무엇을 반드시 해야 한다는 강한 의무감을 나타내는 표현으로 must와 have to가 있습니다. 그런데 항상 이렇게 강하게 얘기할 수는 없습니다. 가끔은 부드럽게 무엇을 하면 좋겠다고 가벼운 조언을 할 수도 있습니다. 이때는 조동사 should를 사용하면 됩니다. 셋 다 '~해야 한다'라고 번역되지만 가지고 있는 뉘앙스는 다릅니다.

You have to get up early tomorrow.
내일 일찍 일어나야 해요. **강한 의무**

You should get up early tomorrow.
내일 일찍 일어나야 해요. **조언이나 충고**

이렇게 뉘앙스의 차이를 생각하면서 문장을 연습해야 나중에 제대로 된 의미로 활용할 수 있습니다.

STEP 3

의문문은 'Should I ~?'의 형태로 주어와 동사의 위치를 바꾸면 됩니다. '제가 ~하는 것이 좋을까요?'와 같이 상대방에게 의견을 구하는 표현입니다.

Should I get up early? 제가 일찍 일어나는 게 좋을까요?
Should I take the offer? 제가 그 제안을 받아들이는 게 좋을까요?

부정문은 should 뒤에 not을 붙이면 됩니다. 어떤 일을 하지 않는 것이 좋겠다고 말하는 가벼운 조언의 느낌이 됩니다. should not은 shouldn't로 축약할 수 있습니다.

You should not get up early. 일찍 일어나지 않는 게 좋겠어요.
You should not trust him. 그를 믿지 않는 게 좋겠어요.

CHAPTER 6

실전 말하기 연습

다음 문장을 주어진 단어를 활용하여 말해 보세요.

01 집에 일찍 가는 게 좋겠어요. (go, early)

02 제 충고를 받아들이는 게 좋겠어요. (take, advice)

03 물을 더 많이 마시는 게 좋겠어요. (drink)

04 충분히 자는 게 좋겠어요. (get, enough)

05 야채를 더 많이 먹는 게 좋겠어요. (vegetables)

06 책을 더 많이 읽는 게 좋겠어요. (read)

07 저는 더 열심히 공부해야 해요. (harder)

08 제가 제임스에게 사과하는 것이 좋겠어요. (apologize)

09 그들은 규칙적으로 운동해야 해요. (exercise, regularly)

10 우리는 돈을 더 절약해야 해요. (save)

조동사

만든 문장이 맞는지 확인하고,
큰소리로 읽어 보세요.

01 You should go home early.

02 You should take my advice.

03 You should drink more water.

04 You should get enough sleep.

05 You should eat more vegetables.

06 You should read more books.

07 I should study harder.

08 I should apologize to James.

09 They should exercise regularly.

10 We should save more money.

인생의 전환점이 될 영어회화 수업

CHAPTER 7

전치사

Better late than never!

CHAPTER 7

장소 전치사
at, on, in

UNIT 37

STEP 1

사람이나 사물이 어디에 있다고 묘사할 때는 전치사 at, on, in을 사용할 수 있습니다.
전치사 at은 한 점을 콕 집는 '점'을 말합니다. 신호등이나 버스 정류장처럼 특정 지점이나 장소를 집어서 말할 때 쓰고, 주로 경계선이나 구분이 모호한 경우에 사용됩니다.
전치사 on은 표면과 표면의 '접촉'을 말합니다. 천장이나 벽에 붙어 있는 것처럼 어딘가에 맞닿아 있다면 모두 on을 사용할 수 있습니다. 책상 위에 핸드폰이 있거나, 그림이 벽에 걸려 있는 경우를 상상해 보세요.
전치사 in은 안팎의 경계선이 분명하게 있는 것의 '내부'를 말합니다. 어떤 공간의 내부나 특정 경계 안쪽에 사용할 수 있습니다. 방 안, 자동차 안에 쓸 수 있고, 국가나 도시 앞에도 사용할 수 있습니다. 국가 사이에는 '국경선'이 있는데, 이렇게 분명한 경계가 있는 곳은 in을 사용합니다. 장소 전치사 at, on, in을 사용해서 문장을 만들어 보세요.

I'm waiting **at** the bus stop. 버스 정류장에서 기다리고 있어요.
The dog is **on** the chair. 그 개는 의자 위에 있어요.
I live **in** Seoul. 저는 서울에 살아요.

전치사

장소 전치사를 활용한 표현들을 덩어리로 기억해 주세요.

- **at**: at home(집에서), at school(학교에서), at work(직장에서), at the bus stop(버스 정류장에서), at the office(사무실에서)
- **on**: on the floor(바닥에), on the bus(버스에서), on the shelf(선반 위에), on the table(테이블 위에), on the wall(벽에)
- **in**: in the car(차 안에), in the city(도시에서), in the room(방 안에), in the park(공원에서), in the building(건물 안에)

at과 in은 둘 다 위치를 나타내는 전치사지만, 사용하는 맥락과 의미가 다릅니다. 'at the restaurant'와 'in the restaurant'의 차이를 통해 알아보도록 하겠습니다.

at은 특정 지점이나 장소를 나타낼 때 사용됩니다. 'at the restaurant'라고 하면 식당 안이나 주변, 앞 등 정확한 위치를 구체적으로 지칭하지 않고, 일반적으로 그 장소에 있다는 것을 의미합니다. in은 공간이나 장소의 내부를 나타냅니다. 'in the restaurant'라고 하면 사람이 실제로 식당 내부에 있다는 것을 강조합니다.

She is waiting at the restaurant.
그녀가 그 식당에서 기다리고 있어요.

She is having dinner in the restaurant.
그녀는 식당 안에서 저녁을 먹고 있어요.

CHAPTER 7

실전 말하기 연습

다음 문장을 주어진 단어를 활용하여 말해 보세요.

01 그녀는 집에서 반지를 잃어버렸어요. (lost)

02 그 가게는 길 끝에 있어요. (shop, end)

03 그녀는 버스 정류장에 있어요. (bus stop)

04 그 책은 책상 위에 있어요. (table)

05 그는 가방을 의자 위에 두었어요. (put, chair)

06 버스에 노트북을 두고 내렸어요. (left, laptop)

07 그들은 2층에 살아요. (live, second)

08 나는 방에 있어요. (room)

09 태국에 사세요? (live, Thailand)

10 옷은 세탁기 안에 있어요. (clothes, washer)

전치사

만든 문장이 맞는지 확인하고,
큰소리로 읽어 보세요.

01 She lost her ring at home.

02 The shop is at the end of the street.

03 She is at the bus stop.

04 The book is on the table.

05 He put his bag on the chair.

06 I left my laptop on the bus.

07 They live on the second floor.

08 I'm in my room.

09 Do you live in Thailand?

10 The clothes are in the washer.

CHAPTER 7

시간 전치사
at, on, in

UNIT 38

시간 전치사도 주로 at, on, in을 많이 사용합니다.

전치사 at은 특정한 '시각'이나 '날짜'를 말할 때 사용됩니다. 5시, 7시 30분과 같은 특정한 시각을 표현할 때 주로 사용합니다. at midnight(한밤중에), at night(밤에), at noon(정오에)과 같이 특정 때를 콕 집어 주는 표현들도 함께 알아 두시면 좋습니다.

전치사 on은 특정한 '날'이나 '요일' 등에 사용됩니다. 생일(birthday), 크리스마스 (Christmas) 등의 특정한 날, 요일(Sunday) 혹은 주말(the weekend) 앞에 사용됩니다.

전치사 in은 '넓은 시간 범위'나 '기간'을 말할 때 쓰입니다. '월, 연도, 계절'이 될 수 있습니다. 9월(in September), 2020년(in 2020), 겨울(in the winter)과 같은 표현들을 하나의 덩어리로 기억해 두세요. 아침, 점심, 저녁은 in the morning/afternoon/evening 이라고 할 수 있습니다. 시간 전치사 at, on, in을 사용해 문장을 만들어 보세요.

Please call me **at** 7 o'clock. 7시에 전화해 주세요.
What do you do **on** Sundays? 매주 일요일에는 뭘 하세요?
It's very cold **in** winter. 겨울에는 매우 추워요.

자주 쓰이는 시간 표현을 덩어리로 기억해 두세요.

- **at**: at night(밤에), at 10 o'clock(10시에), at noon(정오에), at midnight(자정에), at sunset(해 질 녘에)
- **on**: on the weekend(주말에), on Monday(월요일에), on January 1st(1월 1일에), on my birthday(내 생일에), on Christmas Day(크리스마스에)
- **in**: in September(9월에), in the morning(아침에), in the afternoon(오후에), in winter(겨울에), in 2022(2022년에)

last(지난), next(다음), this(이번), every(매, 모든)와 같은 시간 표현 앞에는 전치사(at, on, in)를 사용하지 않습니다.

> **I watched a movie last night.** 지난 밤에 영화를 봤어요.
>
> **We're going on vacation next month.**
> 우리는 다음 달에 휴가를 갈 거예요.
>
> **I walk my dog every day.** 저는 매일 개를 산책시켜요.

CHAPTER 7

실전 말하기 연습

다음 문장을 주어진 단어를 활용하여 말해 보세요.

01 3시에 만납시다. (meet)

02 밤에 시끄럽게 하지 마세요. (make, noise)

03 그 가게는 자정에 문을 닫아요. (store, midnight)

04 저는 1월 1일에 태어났어요. (born)

05 그녀는 수요일마다 시장에 가요. (market)

06 그는 일요일에도 일해야 했어요. (had to)

07 저는 생일날 파티를 했어요. (had, party)

08 저는 아침에 샤워를 했어요. (took)

09 저는 2002년에 회사에 입사했어요. (joined)

10 우리는 8월에 휴가를 갈 거예요. (go, vacation)

전치사

만든 문장이 맞는지 확인하고,
큰소리로 읽어 보세요.

01 Let's meet at 3 o'clock.

02 Don't make noise at night.

03 The store closes at midnight.

04 I was born on January 1st.

05 She goes to the market on Wednesdays.

06 He had to work on Sunday.

07 I had a party on my birthday.

08 I took a shower in the morning.

09 I joined the company in 2002.

10 We will go on vacation in August.

CHAPTER 7

위치 전치사
다양한 위치 전치사

UNIT 39

The cat is under the chair.

위치 전치사는 사물이나 사람이 어디에 위치하는지를 설명할 때 사용됩니다. 주요 위치 전치사에는 under, behind, in front of, next to, between 등이 있습니다. 이 전치사들은 사물이나 사람의 위치를 명확하게 설명하는 데 도움을 줍니다.

예를 들어, "고양이는 의자 밑에 있어요."라고 말하고 싶다면, 영어로는 "The cat is under the chair."라고 말할 수 있습니다. 여기서 under는 고양이의 위치를 나타내며, chair는 고양이가 있는 장소를 의미합니다.

at, on, in 외에 구체적으로 위치를 알려 주는 전치사를 연습해 보세요.

The keys are **under** the pillow. 열쇠가 베개 밑에 있어요.

He is standing **in front of** the mirror.
그는 거울 앞에 서 있어요.

The bank is **across from** the park.
은행이 공원 맞은편에 있어요.

전치사

자주 사용하는 위치 전치사를 기억해 두세요.

under ~ 아래에

above ~ 위에 (기준보다 위에 있는)

below ~ 아래에 (기준보다 아래에 있는)

next to ~ 옆에

between ~ 사이에

behind ~ 뒤에

in front of ~ 앞에

across from ~ 맞은편에 길이나 공간을 두고 맞은편에 있는 위치

opposite ~ 맞은편에 정확히 마주보는 바로 맞은편 위치

위치 전치사는 반복적인 연습을 통해 자연스럽게 익힐 수 있습니다. 다양한 문장을 만들어 보며 연습하고, 실제 상황에서 사용할 수 있도록 연습해 보세요. 주변에 있는 사물이나 장소 등을 영어로 설명하는 습관을 만들면, 금방 위치 전치사에 익숙해질 수 있을 겁니다.

CHAPTER 7

실전 말하기 연습

다음 문장을 주어진 단어를 활용하여 말해 보세요.

01 공이 차 아래에 있어요. (ball)

02 그 그림은 벽난로 위에 있어요. (picture, fireplace)

03 온도가 영하예요. (temperature, freezing)

04 그녀는 내 옆에 앉아 있어요. (sitting)

05 그 가게는 은행 옆에 있어요. (store, bank)

06 그녀는 친구들 사이에 앉아 있어요. (sitting, friends)

07 그는 문 뒤에 서 있어요. (standing)

08 그녀는 거울 앞에 서 있었어요. (stood)

09 은행이 우체국 맞은편에 있어요. (post office)

10 레스토랑이 영화관 맞은편에 있어요. (restaurant, cinema)

전치사

만든 문장이 맞는지 확인하고,
큰소리로 읽어 보세요.

01 The ball is under the car.

02 The picture is above the fireplace.

03 The temperature is below freezing.

04 She is sitting next to me.

05 The store is next to the bank.

06 She is sitting between her friends.

07 He is standing behind the door.

08 She stood in front of the mirror.

09 The bank is across from the post office.

10 The restaurant is opposite the cinema.

CHAPTER 7

방향 전치사
다양한 방향 전치사

UNIT 40

She went into the room.

STEP 1

방향 전치사는 사물이나 사람이 어디로 이동하는지를 설명할 때 사용됩니다. 주요 방향 전치사에는 into, out of, to, from, towards, along 등이 있습니다. 이 전치사들은 사물이나 사람의 이동 방향을 명확하게 설명하는 데 도움을 줍니다.

예를 들어, "그녀는 방으로 들어갔어요."라고 말하고 싶다면, 영어로는 "She went into the room."이라고 말할 수 있습니다. 여기서 into는 그녀가 방으로 들어가는 방향을 나타냅니다.

방향 전치사를 이용해 문장을 만들어 보세요.

He is **from** Canada. 그는 캐나다 출신이에요.

The cat ran **into** the house. 고양이가 집 안으로 뛰어 들어갔어요.

She drove **along** the coast. 그녀는 해안을 따라 운전했어요.

STEP 2

자주 사용하는 방향 전치사를 기억해 두세요.

to(~로): 어떤 곳으로 이동할 때

into(~안으로): 어떤 곳의 안으로 들어갈 때

onto(~위로): 어떤 것의 표면 위로 올라갈 때

out of(~밖으로): 어떤 곳의 밖으로 나올 때

toward(~쪽으로): 어떤 방향으로 향할 때

off(~에서 떨어져): 어떤 것에서 떨어져 나갈 때

from(~로부터): 출발점이나 기원을 나타낼 때

up(~위로): 위쪽으로의 움직임을 나타낼 때

down(~아래로): 아래쪽으로의 움직임을 나타낼 때

along(~을 따라서): 어떤 길이나 선을 따라서 이동할 때

STEP 3

in과 into, on과 onto와 같이 비슷한 전치사들 간의 차이를 명확히 이해하는 것이 중요합니다. in은 '정적인 위치'를 나타내고, into는 '동적인 움직임'을 나타냅니다.

The cat jumped into the box. 고양이가 상자 안으로 뛰어 들어갔다.

on은 '표면 위에 있는 상태'를 나타내고, onto는 '표면 위로의 움직임'을 나타냅니다.

The cat jumped onto the box. 고양이가 상자 위로 뛰어올랐다.

CHAPTER 7

실전 말하기 연습

다음 문장을 주어진 단어를 활용하여 말해 보세요.

01 저는 가게로 가고 있어요. (store)

02 그녀는 방으로 걸어 들어갔어요. (walked)

03 그는 집 밖으로 나갔어요. (went, house)

04 그는 버스 정류장 쪽으로 걸어가고 있어요. (bus stop)

05 고양이가 테이블 위로 뛰어올랐어요. (jumped)

06 책이 선반에서 떨어졌어요. (fell, self)

07 그녀는 도서관에서 책을 빌렸어요. (borrowed, library)

08 그는 언덕을 걸어 올라갔어요. (hill)

09 그는 사다리를 내려갔어요. (climbed, ladder)

10 그들은 강을 따라 달렸어요. (ran, river)

전치사

만든 문장이 맞는지 확인하고,
큰소리로 읽어 보세요.

01 I'm going to the store.

02 She walked into the room.

03 He went out of the house.

04 He is walking toward the bus stop.

05 The cat jumped onto the table.

06 The book fell off the shelf.

07 She borrowed a book from the library.

08 He walked up the hill.

09 He climbed down the ladder.

10 They ran along the river.

CHAPTER 7

기타 시간 전치사
for, during

UNIT 41

Can I talk to you for a second?

STEP 1

특정한 시간 동안 어떤 일이 일어나는 것을 설명할 때 for, during이 사용됩니다. For와 during은 둘 다 '~ 동안'이라는 의미로 특정 기간이나 시간을 나타내지만, 사용하는 방식과 의미가 다릅니다.

For는 어떤 일이 얼마나 오래 지속되는지를 말할 때 사용합니다. For 뒤에는 two hours, a week와 같은 숫자가 옵니다. During은 특정 시간이나 사건 중에 무언가가 일어날 때 사용합니다. During 뒤에는 the movie, the meeting과 같은 사건이나 활동이 옵니다.

시간 전치사 for, during을 사용해 문장을 만들어 보세요.

I studied **for** two hours. 저는 두 시간 동안 공부했어요.
She slept **during** the movie. 그녀는 영화 보는 동안 잤어요.

For는 주로 how long(얼마나 오래) 질문에 대한 대답으로 사용되고, during은 주로 what(무엇) 질문에 대한 대답으로 사용됩니다.

A: **How long** did you study? 얼마나 오래 공부했어요?
B: I studied **for** three hours. 저는 세 시간 동안 공부했어요.

A: **What** did you do **during** the lecture?
강의 중에 무엇을 했어요?
B: I took notes **during** the lecture.
저는 강의 중에 노트 필기를 했어요.

'~ 동안'을 나타낼 때 for, during 외에 while을 쓸 수 있습니다. while은 두 가지 행동이나 사건이 동시에 일어날 때 사용되며, 뒤에는 완전한 문장 형태(주어 + 동사)가 옵니다.

I studied **while** she was sleeping.
저는 그녀가 자는 동안 공부했어요.

He listened to music **while** he was studying.
그는 공부하는 동안 음악을 들었어요.

They played soccer outside **while** it was raining.
그들은 비가 오는 동안 밖에서 축구를 했어요.

CHAPTER 7

실전 말하기 연습

다음 문장을 주어진 단어를 활용하여 말해 보세요.

01 그는 한 시간 동안 기다렸어요. (waited)

02 그녀는 서울에서 5년 동안 살았어요. (lived)

03 잠깐 얘기할 수 있을까요? (talk, second)

04 우리는 한 달 동안 여행했어요. (traveled)

05 그녀는 세 시간 동안 일했어요. (worked)

06 저는 비행 중에 책을 읽었어요. (read, flight)

07 그는 주말 동안 공부했어요. (studied, weekend)

08 회의 중에 전화가 울렸어요. (rang, meeting)

09 저는 방학 동안 꽤 바빴어요. (pretty, vacation)

10 우리는 영화 보는 동안 팝콘을 먹었어요. (popcorn, movie)

전치사

만든 문장이 맞는지 확인하고,
큰소리로 읽어 보세요.

01 He waited for an hour.

02 She's lived in Seoul for five years.

03 Can I talk to you for a second?

04 We traveled for a month.

05 She worked for three hours.

06 I read a book during the flight.

07 He studied during the weekend.

08 The phone rang during the meeting.

09 I was pretty busy during the vacation.

10 We ate popcorn during the movie.

CHAPTER 7

기타 전치사
그 외에 다양한 전치사들

UNIT 42

I had lunch with my friend.

STEP 1

이 외에도 자주 사용하는 전치사를 배워 보겠습니다. 대표적으로 with, without, by가 있습니다. 전치사 with는 여러 가지 상황에서 사용할 수 있습니다. 예를 들어, 누군가와 함께 한다는 '동반'의 의미, 신체적 특징을 가지고 있다는 '소유'의 의미, 어떤 행동에 '필요한 도구'를 나타낼 때 사용됩니다. 이와 반대로 without은 어떤 것이 없음을 나타낼 때 사용합니다. 전치사 by는 주로 이동 수단을 말할 때 사용됩니다. 버스, 택시, 기차 등 대부분의 교통수단이 포함됩니다.

예를 들어, "나는 친구와 함께 점심을 먹었어요."라고 말하고 싶다면, 영어로는 "I had lunch with my friend."라고 말할 수 있습니다. 여기서 with는 누군가와 함께 했다는 의미를 나타내며, friend는 '친구'를 의미합니다.

전치사 with, without, by를 사용해서 문장을 만들어 보세요.

I went hiking **with** my family. 저는 가족과 함께 하이킹을 갔어요.
He drove **without** a license. 그는 면허 없이 운전했어요.
I go to school **by** bus. 저는 버스로 학교에 가요.

전치사

STEP 2

버스, 택시, 기차 등 대부분의 교통수단 앞에 by를 붙여서 이동 방법을 나타냅니다. 하지만 걸어서 간다고 할 때는 'on foot'이라고 말합니다. 헷갈리지 않게 문장을 통해 연습해 주세요.

> I go to work **on foot**. 저는 걸어서 출근해요.
>
> She goes to school **on foot**. 그녀는 걸어서 학교에 가요.

STEP 3

without 뒤에 동사를 쓸 때는 동사 끝에 -ing를 붙여야 합니다. 예를 들어 without speaking(말하지 않고), without thinking(생각하지 않고)처럼 사용합니다.

> He left **without saying** goodbye. 그는 인사 없이 떠났어요.
>
> He went out **without wearing** a coat.
> 그는 코트를 입지 않고 외출했어요.

CHAPTER 7

실전 말하기 연습

다음 문장을 주어진 단어를 활용하여 말해 보세요.

01 저는 가장 친한 친구와 함께 여행했어요. (traveled, best)

02 저는 강아지와 함께 공원에 갔어요. (park)

03 그는 신선한 채소로 저녁을 요리했어요. (fresh, vegetables)

04 이 열쇠로 문을 여실 수 있어요. (open, key)

05 그는 우산 없이 나갔어요. (umbrella)

06 저는 안경 없이 공부할 수 없어요. (study, glasses)

07 그녀는 도움 없이 저녁을 요리했어요. (any, help)

08 팝콘 없이 영화를 볼 수 있나요? (watch, popcorn)

09 우리는 택시로 공항에 갔어요. (airport, taxi)

10 우리는 기차로 여행했어요. (train)

전치사

만든 문장이 맞는지 확인하고,
큰소리로 읽어 보세요.

01 I traveled with my best friend.

02 I went to the park with my dog.

03 He cooked dinner with fresh vegetables.

04 You can open the door with this key.

05 He went out without an umbrella.

06 I can't study without my glasses.

07 She cooked dinner without any help.

08 Can you watch a movie without popcorn?

09 We went to the airport by taxi.

10 We traveled by train.

인생의 전환점이 될 영어회화 수업

CHAPTER 8

의문사

Better late than never!

CHAPTER 8

의문사
Who(누가), Why(왜)

UNIT 43

Why is she crying?

STEP 1

의문사 who와 why는 질문을 만들 때 자주 사용되는 단어입니다. Who는 '누가'라는 의미로, 사람에 대해 질문할 때 사용합니다. Why는 '왜'라는 의미로, 이유를 물을 때 사용합니다.

예를 들어, "그녀는 왜 울고 있나요?"라는 질문을 하고 싶다면 영어로는 "Why is she crying?"이라고 말할 수 있습니다.

의문사 who, why를 사용해서 문장을 만들어 보세요.

Who is your favorite singer? 가장 좋아하는 가수는 누구인가요?

Why did you call me? 왜 저에게 전화했나요?

의문사

STEP 2

Who와 Why 같은 의문사로 질문할 때는 의문사를 강하게 말하면 더 좋습니다. 이렇게 하면 여러분이 무엇을 궁금해하는지 상대방이 더 잘 알 수 있습니다.

> **Who** is your best friend? 가장 친한 친구는 누구예요?
>
> **Why** are you crying? 왜 울고 있나요?

STEP 3

Who는 '누가'라는 뜻을 가지고 있어서 그 자체로 문장의 주인공 역할을 합니다. 그래서 Who로 질문할 때는 he, she, they 같은 다른 주어를 추가로 쓰지 않아도 됩니다. Who 하나만으로 '누가'라는 의미가 충분히 전달되기 때문입니다.

> 어제 누가 전화를 했나요?
> **Who** called you yesterday? (O)
> **Who** did you call yesterday? (X)

CHAPTER 8

다음 문장을 주어진
단어를 활용하여 말해 보세요.

01 왜 그렇게 심각해요? (serious)

02 왜 일찍 떠났어요? (leave)

03 왜 이 책을 선택했어요? (choose)

04 그들은 왜 늦었어요? (late)

05 왜 웃고 있어요? (laughing)

06 가장 좋아하는 선생님은 누구예요? (favorite)

07 누구와 이야기하고 있어요? (talking)

08 이 케이크를 누가 만들었어요? (made)

09 문을 누가 열었어요? (opened)

10 내 샌드위치를 누가 먹었어요? (sandwich)

의문사

만든 문장이 맞는지 확인하고,
큰소리로 읽어 보세요.

01 Why are you so serious?

02 Why did you leave early?

03 Why did you choose this book?

04 Why are they late?

05 Why are you laughing?

06 Who is your favorite teacher?

07 Who are you talking to?

08 Who made this cake?

09 Who opened the door?

10 Who ate my sandwich?

CHAPTER 8

의문사
Where(어디서), When(언제)

UNIT 44

STEP 1

의문사 where와 when은 모두 질문을 할 때 사용되는 중요한 단어들입니다. Where는 어디서 무언가가 일어나는지 '장소'를 물을 때 사용됩니다. When은 언제 어떤 일이 일어나는지 '시간'을 물을 때 사용됩니다.

예를 들어, "Where do you have lunch?"는 "어디서 점심을 먹어요?"라는 뜻으로, 점심을 먹는 장소를 물어볼 때 사용됩니다. 반면에 "When do you have lunch?"는 "언제 점심을 먹어요?"라는 뜻으로, 점심을 먹는 시간을 물어볼 때 사용됩니다.

의문사 where, when을 사용해서 문장을 만들어 보세요.

Where do you live? 어디에 사세요?

When did you graduate? 언제 졸업하셨나요?

의문사

동사와 주어의 일치는 영어 문법에서 매우 중요합니다. 이는 주어가 단수인지 복수인지에 따라 동사의 형태가 달라지기 때문입니다. 특히, where와 같은 의문사를 사용할 때, 올바른 동사 형태를 사용하는 것이 중요합니다.

그녀는 어디에 사나요?
Where does she live? (O) 단수 주어에 단수 동사를 사용
Where do she live? (X) 단수 주어에 복수 동사를 사용

STEP 3

When은 일반적인 시간을 물어볼 때 사용됩니다. 특정한 시간을 포함하지 않고, 보다 넓은 범위의 시간대를 물을 수 있습니다. 반면, What time은 보다 구체적인 시간을 물어볼 때 사용됩니다. 시각을 명확히 알고 싶을 때 적합합니다.

날짜나 기간 등 넓은 시간대를 물을 때
When does the store open? 가게는 언제 여나요?

정확한 개점 시간을 물을 때
What time does the store open? 가게는 몇 시에 여나요?

CHAPTER 8

실전 말하기 연습

다음 문장을 주어진 단어를 활용하여 말해 보세요.

01 화장실이 어디에 있나요? (restroom)

02 어디 가고 있어요? (going)

03 보통 점심을 어디서 먹나요? (usually)

04 차를 어디에 주차했나요? (park)

05 버스 티켓을 어디서 살 수 있나요? (buy)

06 생일은 언제인가요? (birthday)

07 영화는 언제 시작하나요? (start)

08 보통 언제 일어나세요? (wake up)

09 언제 돌아오실 건가요? (be, back)

10 언제 여기로 이사했어요? (move)

의문사

만든 문장이 맞는지 확인하고,
큰소리로 읽어 보세요.

01 Where is the restroom?

02 Where are you going?

03 Where do you usually have lunch?

04 Where did you park your car?

05 Where can I buy a bus ticket?

06 When is your birthday?

07 When does the movie start?

08 When do you usually wake up?

09 When will you be back?

10 When did you move here?

CHAPTER 8

의문사
What(무엇을), Which(어느 것을)

UNIT 45

What do you do?

STEP 1

의문사 what과 which는 모두 질문할 때 사용되는 중요한 단어들입니다. What은 주로 무엇인지를 물어볼 때 사용되고, Which는 여러 선택지 중에서 하나를 고를 때 사용됩니다.

예를 들어, "What do you do?"는 "무엇을 하세요?"라는 뜻으로, 상대방의 직업이나 하는 일을 물어볼 때 사용됩니다. 반면, "Which book do you prefer?"는 "어느 책을 선호하세요?"라는 뜻으로, 여러 책 중에서의 선택을 물을 때 사용됩니다.

의문사 what, which를 사용해 문장을 만들어 보세요.

What are you doing now? 지금 무엇을 하고 있나요?
Which is your book? 어느 것이 당신의 책인가요?

의문사

STEP 2

What은 일반적인 질문을 할 때 사용됩니다. 질문의 범위가 넓고, 특정한 선택지에 한정되지 않습니다.

Which는 여러 선택지 중에서 선택을 물을 때 사용됩니다. 질문의 범위가 좁고, 주어진 선택지 중 하나를 고르도록 유도합니다.

> **What** is your favorite color? 좋아하는 색깔이 뭐예요?
> 색깔에 대한 구체적인 선택지를 주지 않으며, 상대방이 자유롭게 답할 수 있습니다.
>
> **Which** color do you like? 어떤 색깔을 좋아하세요?
> 특정한 선택지(예: 빨강, 파랑) 중에서 선택하도록 유도할 수 있습니다.

STEP 3

의문사 What과 Which를 다른 단어와 함께 쓰면 더 구체적인 질문을 할 수 있습니다.

> **What time** is it? 지금 몇 시인가요?
>
> **What kind of music** do you like? 어떤 종류의 음악을 좋아하세요?
>
> **Which dress** do you like more?
> 어느 드레스가 더 마음에 드세요?
>
> **Which chair** is more comfortable?
> 어느 의자가 더 편안한가요?

CHAPTER 8

실전 말하기 연습

다음 문장을 주어진 단어를 활용하여 말해 보세요.

01 당신의 이름은 무엇인가요? (name)

02 당신이 가장 좋아하는 음식은 무엇인가요? (favorite)

03 어제 무엇을 했어요? (yesterday)

04 생일에 무엇을 원하세요? (want, birthday)

05 이번 주말에 무엇을 할 계획인가요? (weekend)

06 어떤 종류의 책을 읽나요? (books)

07 차와 커피 중 어느 것이 더 좋나요? (tea, coffee)

08 어떤 식당을 추천하시나요? (restaurant, recommend)

09 여름과 겨울 중 어느 계절을 더 좋아하나요? (season, prefer)

10 어떤 재킷이 더 마음에 드나요? (jacket, more)

의문사

만든 문장이 맞는지 확인하고,
큰소리로 읽어 보세요.

- **01** What is your name?
- **02** What is your favorite food?
- **03** What did you do yesterday?
- **04** What do you want for your birthday?
- **05** What are you going to do this weekend?
- **06** What kind of books do you read?
- **07** Which is better, tea or coffcc?
- **08** Which restaurant do you recommend?
- **09** Which season do you prefer, summer or winter?
- **10** Which jacket do you like more?

CHAPTER 8

의문사
How(어떻게)

UNIT 46

STEP 1

의문사 how는 '어떻게'라는 의미로, 방법이나 상태를 묻는 질문에 사용됩니다. How를 사용하면 어떤 일이나 행동이 어떻게 이루어졌는지, 또는 어떤 상태인지 물어볼 수 있습니다.

예를 들어, "How did you learn English?"는 "당신은 영어를 어떻게 배웠나요?"라는 뜻입니다. 여기서 how는 방법이나 상태를 물을 때 사용하는 의문사입니다. 이 질문을 통해 영어를 배우는 방법에 대해 물어볼 수 있습니다.

의문사 how를 사용해서 문장을 만들어 보세요.

How was your weekend? 주말은 어떻게 보내셨어요?

How did you quit smoking? 어떻게 담배를 끊으셨어요?

How do you get to work? 어떻게 출근하나요?

의문사

How는 여러 형태로 질문을 만들 수 있습니다. 예를 들어, how many/much(얼마나 많이), how far(얼마나 멀리), how long(얼마나 오래), how often(얼마나 자주) 등으로 확장될 수 있습니다.

How many books do you have? 책이 몇 권 있어요?

How long is the movie? 영화는 얼마나 길어요?

How often do you go to the gym?
얼마나 자주 헬스장에 가나요?

상황에 맞는 적절한 질문을 잘하면 대화를 훨씬 부드럽게 할 수 있습니다. Yes, No로 끝나는 것보다 다양한 정보를 얻을 수 있는 질문들이 좋은데 이때 사용할 수 있는 것이 '의문사 질문'입니다.

이렇게 연습한 영어 질문을 혼자 말하기 연습에도 활용해 보세요. 내가 한 질문을 내가 직접 답변하면서 연습할 수 있습니다. 이후 실전 경험까지 쌓는다면 영어 말하기 실력은 일취월장할 수 있습니다.

How was your day? 오늘 하루 어땠어요?

How often do you exercise? 얼마나 자주 운동하세요?

CHAPTER 8

실전 말하기 연습

다음 문장을 주어진 단어를 활용하여 말해 보세요.

01 어떻게 지내요? (are)

02 이것은 어떻게 작동해요? (work)

03 자유 시간을 어떻게 보내세요? (spend, free time)

04 여기에 어떻게 왔어요? (get)

05 제가 공항에 어떻게 갈 수 있을까요? (get, airport)

06 사과가 몇 개 필요해요? (apples, need)

07 이거 얼마예요? (this)

08 얼마나 자주 외식하세요? (eat out)

09 거기는 여기서 얼마나 멀어요? (from)

10 거기까지 가는 데 얼마나 걸려요? (take, get)

의문사

만든 문장이 맞는지 확인하고,
큰소리로 읽어 보세요.

01 How are you?

02 How does this work?

03 How do you spend your free time?

04 How did you get here?

05 How can I get to the airport?

06 How many apples do you need?

07 How much is this?

08 How often do you eat out?

09 How far is it from here?

10 How long does it take to get there?

CHAPTER 8

간접의문문
문장 속에 포함된 질문

UNIT 47

STEP 1

간접의문문은 다른 문장 속에 포함된 질문을 나타내는 형태입니다. 주로 'Do you know ~?', 'Can you tell me ~?'로 시작하여 질문의 내용을 부드럽게 전달합니다. 직접적인 질문을 피하고, 더 정중하고 완곡한 표현을 할 때 사용됩니다. 간접의문문은 직접의문문과 달리 주어와 동사의 순서를 바꾸지 않고 그대로 유지합니다.

예를 들어, "Why is he late?"는 직접적인 질문입니다. 이를 간접의문문으로 바꾸면 "Do you know why he is late?"가 됩니다. 이는 "그가 왜 늦는지 알고 있나요?"라는 의미로, 더 부드럽고 공손한 질문이 됩니다.

간접의문문을 사용해서 문장을 만들어 보세요.

Do you know where she lives?
그녀가 어디에 사는지 알고 있어요?

Can you tell me where he is?
그가 어디 있는지 알려 줄 수 있나요?

의문사

STEP 2

상대방에게 뭔가를 물어볼 때 'Do you know ~?'나 'Can you tell me ~?'를 사용할 수 있습니다. 이때 두 가지 경우가 있습니다. 먼저 where(어디에), what(무엇을), who(누구) 같은 의문사로 물어보는 경우에는 그 의문사를 그대로 쓰면 됩니다. 하지만 yes(네) 또는 no(아니오)로 대답하는 질문인 경우에는 if나 whether를 사용해야 합니다.

Where is the station? 역이 어디에 있나요?
→ **Can you tell me where** the station is?
역이 어디에 있는지 알려 줄 수 있나요?

Is he coming? 그가 오나요?
→ **Do you know if** he is coming? 그가 오는지 알고 있나요?

STEP 3

please와 같은 단어를 추가하면 더욱 공손한 표현이 됩니다.

What time is it? 지금 몇 시인가요?
→ **Could you please tell me what time it is?**
지금 몇 시인지 알려 주실 수 있나요?

CHAPTER 8

실전 말하기 연습

다음 문장을 주어진 단어를 활용하여 말해 보세요.

01 도서관이 어디 있는지 알고 있어요? (library)

02 그녀가 왜 슬픈지 알고 있어요? (sad)

03 영화가 언제 시작하는지 알고 있어요? (starts)

04 이 이야기가 어떻게 끝나는지 알고 있어요? (story, ends)

05 그녀가 무엇을 좋아하는지 알고 있어요? (likes)

06 무슨 일이 있었는지 말씀해 주실 수 있나요? (please, happened)

07 이 단어가 무슨 뜻인지 알려 줄 수 있나요? (word, means)

08 회의가 언제 시작하는지 알려 줄 수 있나요? (meeting)

09 이 기계가 어떻게 작동하는지 설명해 줄 수 있나요? (explain)

10 그가 왜 떠났는지 알려 줄 수 있나요? (left)

의문사

만든 문장이 맞는지 확인하고,
큰소리로 읽어 보세요.

01 Do you know where the library is?

02 Do you know why she is sad?

03 Do you know when the movie starts?

04 Do you know how this story ends?

05 Do you know what she likes?

06 Can you please tell me what happened?

07 Can you tell me what this word means?

08 Can you tell me when the meeting starts?

09 Can you explain how this machine works?

10 Can you tell me why he left?

CHAPTER 8

부가 의문문
~하지, 그렇지?

UNIT 48

STEP 1

부가 의문문(tag question)은 문장의 끝에 짧은 질문을 덧붙여 상대방의 동의를 구하거나 확인하고자 할 때 사용합니다. 부가 의문문은 긍정문 뒤에는 부정 형태의 의문문을, 부정문 뒤에는 긍정 형태의 의문문을 붙이는 것이 일반적입니다.

예를 들어, "You can drive."라는 문장은 "너는 운전할 수 있다."라는 의미입니다. 여기에 부가 의문문을 붙이면, "You can drive, can't you?"가 됩니다. 이는 "너는 운전할 수 있지, 그렇지?"라는 의미로 상대방의 동의를 구하는 표현입니다.

부가 의문문을 사용해서 문장을 만들어 보세요.

You like pizza, **don't you?** 너는 피자를 좋아하지, 그렇지?

He is tall, **isn't he?** 그는 키가 크지, 그렇지?

You are tired, **aren't you?** 너 피곤하지, 그렇지?

의문사

STEP 2

동사가 일반 동사일 경우, 부가 의문문에서는 do/does/did를 사용해야 합니다.

You like pasta, don't you? 너는 파스타를 좋아하지, 그렇지?
She went home, didn't she? 그녀는 집에 갔지, 그렇지?

명령문 뒤에 부가 의문문을 붙일 때는 주로 'will you?'를 사용합니다.

Open the window, will you? 창문을 열어 줘, 알았지?
Don't be late, will you? 늦지 마, 알았지?

STEP 3

부가 의문문 대신 'right?' 같은 간단한 표현을 사용할 수 있습니다. 이렇게 하면 좀 더 비공식적이고 자연스러운 대화가 됩니다. 'right?'는 상대방의 동의를 구하거나 확인할 때 자주 사용됩니다.

You are tired, aren't you? 너 피곤하지, 그렇지?
➡ **You are tired, right?**
너 피곤하지, 그치?

CHAPTER 8

다음 문장을 주어진 단어를 활용하여 말해 보세요.

01 그들은 친구지, 그렇지? (friends)

02 너는 서울에 살지, 그렇지? (live)

03 너는 고기를 먹지 않지, 그렇지? (meat)

04 그녀는 초콜릿을 좋아하지, 그렇지? (chocolate)

05 그들은 숙제를 끝냈지, 그렇지? (finished)

06 그는 영어를 할 수 있지, 그렇지? (speak)

07 그들은 아직 떠나지 않았지, 그렇지? (left, yet)

08 우리는 지금 시작해야 하지, 그렇지? (should)

09 그는 너에게 전화하지 않았지, 그렇지? (call)

10 우리는 이제 갈 수 있지, 그렇지? (go)

의문사

만든 문장이 맞는지 확인하고,
큰소리로 읽어 보세요.

01 They are friends, aren't they?

02 You live in Seoul, don't you?

03 You don't eat meat, do you?

04 She likes chocolate, doesn't she?

05 They finished their homework, didn't they?

06 He can speak English, can't he?

07 They haven't left yet, have they?

08 We should start now, shouldn't we?

09 He didn't call you, did he?

10 We can go now, can't we?

인생의 전환점이 될 영어회화 수업

CHAPTER 9

문장 길게 말하기

Better late than never!

CHAPTER 9

동사-ing
주어로 쓰는 동사-ing

UNIT 49

Cooking takes a lot of time.

STEP 1

영어에서 어떤 동사에 '-ing'를 붙이면 명사처럼 사용할 수 있습니다. 이 형태를 '동명사 (동사-ing)'라고 하는데, 동명사를 문장의 시작에 넣으면 '~하는 것', '~하기'라는 의미로 주어로 쓸 수 있습니다. 이런 동명사는 하나의 활동이나 행동을 나타내기 때문에 항상 단수로 취급합니다. 그래서 동사는 항상 단수형을 사용합니다.

'cooking'이라는 단어는 '요리하기'라는 행동을 의미합니다. 이를 주어로 사용하면, "Cooking takes a lot of time.(요리하기는 시간이 오래 걸려요.)"이라는 문장을 만들 수 있습니다. 여기서 'cooking'은 요리하는 행동 자체를 주어로 사용한 것입니다.

주어로 쓰는 동명사(동사-ing)를 사용해서 문장을 만들어 보세요.

Running is fun. 달리기는 재미있어요.
Dancing is exciting. 춤추는 것은 신나요.

문장 길게 말하기

동사에 -ing를 붙여서 만든 단어는 명사처럼 쓸 수 있습니다. 이렇게 만든 단어는 혼자 쓸 수도 있고, 다른 단어들과 함께 써서 의미를 더 자세하게 나타낼 수도 있습니다.

Baking cookies with my mom is enjoyable.
엄마와 함께 쿠키를 굽는 것은 즐거워요.

Reading a book in the park is nice.
공원에서 책을 읽는 것은 좋아요.

Playing soccer with friends is exciting.
친구들과 축구를 하는 것은 신나요.

Shopping online is convenient. 온라인 쇼핑은 편리해요.

to부정사(to+동사원형)보다는 동명사(동사-ing)가 주어로 더 자주 사용됩니다. to부정사(to+동사원형)는 보통 'It ~ to + 동사원형' 형태로 더 많이 사용됩니다.

It is important **to study**. 공부하는 것은 중요해요.

It is difficult **to wake up early**. 일찍 일어나는 것은 어려워요.

It is easy **to learn English**. 영어를 배우는 것은 쉬워요.

223

CHAPTER 9

실전 말하기 연습

다음 문장을 주어진 단어를 활용하여 말해 보세요.

01 채소를 먹는 것은 건강에 좋아요. (vegetables, healthy)

02 수영은 좋은 운동이죠. (swimming, exercise)

03 영어를 배우는 것은 재미있어요. (learning, fun)

04 피아노를 치는 것은 즐거워요. (playing, enjoyable)

05 음악을 들으면 마음이 편안해져요. (helps, relax)

06 영어를 배우는 것은 중요해요. (important)

07 아침에 걷는 것은 상쾌해요. (morning, refreshing)

08 친구들과 여행하는 것은 재미있어요. (traveling, fun)

09 집에서 요리하는 것은 돈을 절약해요. (saves)

10 그림 그리기는 나를 행복하게 해 줘요. (drawing, happy)

문장 길게 말하기

만든 문장이 맞는지 확인하고,
큰소리로 읽어 보세요.

01 Eating vegetables is healthy.

02 Swimming is good exercise.

03 Learning English is fun.

04 Playing the piano is enjoyable.

05 Listening to music helps me relax.

06 Learning English is important.

07 Walking in the morning is refreshing.

08 Traveling with friends is fun.

09 Cooking at home saves money.

10 Drawing makes me happy.

CHAPTER 9

동사-ing
목적어로 쓰는 동사-ing

UNIT 50

STEP 1

'동사 + -ing' 형태를 동명사라고 합니다. 이는 문장에서 명사처럼 쓸 수 있고, '~하는 것', '~하기'라는 의미가 됩니다. 동사 뒤에 쓰이면 목적어 역할을 합니다.

예를 들어, "I like reading books."라는 문장에서 reading은 '읽는 것'이라는 동명사입니다. "저는 책을 읽는 것을 좋아해요."라는 의미로, 동명사가 목적어로 쓰였습니다. 목적어로 쓰는 동명사(동사-ing)를 사용해서 문장을 만들어 보세요.

I enjoy **swimming**. 저는 수영하는 것을 즐겨요.
She started **learning English**. 그녀는 영어를 배우기 시작했어요.
I hate **waiting in line**. 저는 줄 서서 기다리는 것을 싫어해요.

문장 길게 말하기

STEP 2

영어 동사 중에는 뒤에 꼭 -ing 형태가 와야 하는 특별한 동사들이 있습니다. 이 동사들은 '진행 중인 활동'이나 '과정'을 중요하게 여기기 때문입니다.

ex) enjoy(즐기다), finish(끝내다), admit(인정하다), mind(꺼리다), suggest(제안하다), avoid(피하다), practice(연습하다)

I **finished writing** the report. 보고서 작성을 마쳤어요.

She **enjoys reading** books. 그녀는 책 읽는 것을 즐겨요.

Do you **mind opening** the window?
창문을 열어 주시겠어요?

STEP 3

'not + -ing'는 동명사의 부정 의미를 표현할 때 사용됩니다. 이것은 '~하지 않는 것'이라는 의미를 가지고 있습니다. 예를 들어, 'going'이 '가는 것'이라면, 'not going'은 '가지 않는 것'을 의미합니다.

I regret **not going** to the wedding.
결혼식에 가지 않은 것을 후회해요.

I considered **not going** to the party.
파티에 가지 않는 것을 고려했어요.

CHAPTER 9

다음 문장을 주어진 단어를 활용하여 말해 보세요.

01 저는 춤추는 것을 좋아해요. (love)

02 보고서를 작성하는 것을 끝냈어요. (finished, report)

03 저는 책 읽는 것을 좋아해요. (like)

04 그녀는 기타 치는 것을 즐겨요. (enjoys, guitar)

05 그녀는 저녁을 요리하는 것을 좋아해요. (likes)

06 그는 영어 공부하는 것을 즐겨요. (enjoys)

07 그들은 축구하는 것을 좋아해요. (love)

08 작년에 프랑스어 배우는 것을 시작했어요. (started, French)

09 그녀는 요가를 연습하기 시작했어요. (started, practicing)

10 그들은 집을 짓는 것을 끝냈어요. (finished, building)

문장 길게 말하기

만든 문장이 맞는지 확인하고,
큰소리로 읽어 보세요.

01 I love dancing.

02 I finished writing my report.

03 I like reading books.

04 She enjoys playing the guitar.

05 She likes cooking dinner.

06 He enjoys studying English.

07 They love playing soccer.

08 I started learning French last year.

09 She started practicing yoga.

10 They finished building the house.

CHAPTER 9

to부정사
동사 뒤에 오는 to부정사

UNIT 51

STEP 1

'to부정사'는 'to'라는 전치사와 '동사'라는 행동을 나타내는 말을 합쳐서 만듭니다. to부정사는 어떤 일을 하려고 한다고 말할 때 사용할 수 있습니다. 특히 동사 뒤에 사용할 때는 그 동작을 하고자 하는 목적이나 의도를 표현할 수 있습니다.

예를 들어, "저는 친구를 만나고 싶어요."라고 말하고 싶다면, 영어로는 "I want to meet my friend."라고 말할 수 있습니다. 여기서 'to meet'은 want와 함께 사용된 to부정사입니다.

'동사+to부정사'를 사용해서 문장을 만들어 보세요.

I want to go home. 집에 가고 싶어요.

They promised to keep the secret.
그들은 비밀을 지키겠다고 약속했어요.

We plan to buy a new house.
우리는 새 집을 살 계획이에요.

문장 길게 말하기

STEP 2

to부정사(to+동사원형)를 사용하는 동사들은 보통 미래의 행동이나 목표를 말할 때 사용됩니다. 이런 동사들은 어떤 행동을 하고자 하는 의도, 계획, 희망 등을 나타냅니다.

ex) want(원하다), hope(희망하다), decide(결정하다), plan(계획하다), learn(배우다), promise(약속하다), need(필요하다), expect(기대하다), refuse(거절하다)

> I want **to learn** French. 저는 프랑스어를 배우고 싶어요.
> She decided **to leave** early. 그녀는 일찍 떠나기로 결정했어요.
> We plan **to visit** our grandparents.
> 우리는 조부모님을 방문할 계획이에요.

STEP 3

일부 동사들은 뒤에 동명사(동사-ing)와 to부정사(to+동사원형) 모두를 사용할 수 있지만, 의미가 다를 수 있습니다.

try + -ing: 시험 삼아 어떤 일을 해 보다
try + to부정사: 어떤 일을 노력하다, 시도하다

Try eating an apple every day. 매일 사과를 먹어 보세요.
I **tried to open** the door. 저는 문을 열려고 했어요.

stop + -ing: 어떤 행동을 멈추다
stop + to부정사: ~하기 위해 멈추다

I **stopped smoking** last year. 저는 작년에 담배를 끊었어요.
He **stopped to drink** water. 그는 물을 마시기 위해 멈췄어요.

CHAPTER 9

실전 말하기 연습

다음 문장을 주어진 단어를 활용하여 말해 보세요.

01 케이크를 만들고 싶어요. (want)

02 그 팀에 가입하기로 결정했어요. (decided)

03 당신을 다시 만나기를 바라요. (hope, soon)

04 문을 잠그는 것을 잊었어요. (forgot, lock)

05 저는 숙제를 끝내야 해요. (need)

06 그녀는 새로운 일을 얻기를 희망해요. (hopes, get)

07 그는 작년에 운전하는 것을 배웠어요. (learned)

08 그녀는 책을 빌려 달라고 요청했어요. (asked, borrow)

09 그녀는 제시간에 오겠다고 약속했어요. (promised, on time)

10 저는 요리 수업을 듣기로 결정했어요. (decided, harder)

문장 길게 말하기

만든 문장이 맞는지 확인하고,
큰소리로 읽어 보세요.

01 I want to make a cake.

02 I decided to join the team.

03 I hope to see you again.

04 I forgot to lock the door.

05 I need to finish my homework.

06 She hopes to get a new job.

07 He learned to drive last year.

08 She asked to borrow a book.

09 She promised to be on time.

10 I decided to take a cooking class.

CHAPTER 9

to부정사
목적을 나타내는 to부정사

UNIT 52

STEP 1

목적을 나타내는 to부정사는 '무엇을 하기 위해서'라는 뜻을 가지고 있습니다. 어떤 일을 하는 목적에 대해 말할 때 사용할 수 있습니다.

예를 들어, "저는 영어를 배우기 위해 이 책을 샀어요."라고 말하고 싶다면, 영어로는 "I bought this book to learn English."라고 말할 수 있습니다. 여기서 'to learn'은 책을 구입한 목적을 나타냅니다.

목적을 나타내는 to부정사를 사용해서 문장을 만들어 보세요.

I saved money to travel to Canada.
캐나다로 여행하기 위해 돈을 모았어요.

I eat vegetables to stay healthy.
건강을 유지하기 위해 채소를 먹어요.

I went to the park to play soccer.
축구를 하러 공원에 갔어요.

'to+동사원형' 대신 'in order to+동사원형'도 사용할 수 있습니다. 'to+동사원형'은 더 간단하고 일상적인 표현으로, 일상 대화에서 자주 사용됩니다. 반면, 'in order to+동사원형'은 더 격식을 차린 표현으로, 문어체나 공식적인 글에서 주로 사용됩니다.

건강을 유지하기 위해 체육관에 가요.
I go to the gym to stay healthy.

회사는 시간을 절약하기 위해 시스템을 변경했습니다.
The company changed its system in order to save time.

'~하기 위해서'를 영어로 표현하는 방법은 두 가지가 있습니다. 구체적인 행동이나 목적을 이야기할 때는 'to부정사'를 사용하고, 대략적인 용도나 목적을 이야기할 때는 'for+명사'를 사용합니다.

We saved money to buy a new car.
우리는 새 차를 사기 위해 돈을 모았어요.

We saved money for a new car.
우리는 새 차를 위해 돈을 모았어요.

CHAPTER 9

실전 말하기 연습

다음 문장을 주어진 단어를 활용하여 말해 보세요.

01 저는 식료품을 사기 위해 가게에 갔어요. (store, groceries)

02 저는 좋은 성적을 받기 위해 열심히 공부했어요. (hard, grades)

03 저는 건강을 유지하기 위해 운동해요. (exercise, stay)

04 휴식을 취하기 위해 음악을 들어요. (relax)

05 그녀는 공부하기 위해 도서관에 갔어요. (library)

06 우리는 프로젝트에 대해 논의하기 위해 모였어요. (gathered)

07 그녀는 공부하기 위해 일찍 일어나요. (wakes up)

08 그녀는 채소를 사기 위해 시장에 갔어요. (market, vegetables)

09 그들은 프로젝트를 끝내기 위해 늦게까지 일했어요. (late, finish)

10 그는 새 컴퓨터를 사기 위해 돈을 모았어요. (save)

문장 길게 말하기

만든 문장이 맞는지 확인하고,
큰소리로 읽어 보세요.

01 I went to the store to buy groceries.

02 I studied hard to get good grades.

03 I exercise to stay healthy.

04 I listen to music to relax.

05 She went to the library to study.

06 We gathered to discuss the project.

07 She wakes up early to study.

08 She went to the market to buy some vegetables.

09 They worked late to finish the project.

10 He saved money to buy a new computer.

CHAPTER 9

접속사
문장이나 문장 성분을 연결하는 것

UNIT 53

I am hungry, but it is not lunchtime.

STEP 1

접속사는 두 문장이나 문장의 일부를 연결하여 문장을 더욱 풍부하고 구체적으로 만드는 역할을 합니다. 주요 접속사로는 and(그리고), but(그러나), or(또는), so(그래서), because(왜냐하면) 등이 있습니다. 이 접속사들은 각각의 용법에 따라 문장의 의미를 연결하거나 반전시키는 역할을 합니다.

예를 들어, "저는 배가 고프지만 지금은 점심시간이 아니에요."라고 말하고 싶다면, 영어로는 "I am hungry, but it is not lunchtime."라고 말할 수 있습니다. 여기서 'but'은 두 문장을 연결하여 대조적인 의미를 전달합니다.

접속사를 사용해서 문장을 만들어 보세요.

She is smart and kind. 그녀는 똑똑하고 친절해요.

I called him, but he didn't answer.
저는 그에게 전화했지만 그는 받지 않았어요.

It was raining, so we stayed inside.
비가 와서 우리는 안에 있었어요.

문장 길게 말하기

각 접속사의 사용법을 조금 더 자세히 알아보겠습니다.

- **and**(그리고): 정보를 추가할 때

    I like apples **and** oranges. 저는 사과와 오렌지를 좋아해요.

- **but**(그러나): 대조되는 정보를 나타낼 때

    I wanted to go, **but** it was raining. 저는 가고 싶었지만 비가 왔어요.

- **or**(또는): 선택지나 대안을 제시할 때

    Do you want tea **or** coffee? 차를 드실래요 아니면 커피를 드실래요?

- **so**(그래서): 결과를 나타낼 때

    It was late, **so** I went to bed. 늦어서 나는 잠자리에 들었어요.

- **because**(왜냐하면): 이유를 설명할 때

    I stayed home **because** it was raining.
    저는 비가 와서 집에 있었어요.

because와 because of는 둘 다 '왜냐하면'이라는 뜻입니다. 그런데 이 두 가지를 사용할 때 조금 다르게 사용합니다.

because는 뒤에 주어와 동사를 포함한 '문장'이 따라옵니다.

We stayed inside **because it was raining.**

우리는 비가 와서 안에 있었어요.

because of는 뒤에 사람, 장소, 물건 같은 '명사'가 따라옵니다.

We stayed inside **because of the rain.**

우리는 비 때문에 안에 있었어요.

CHAPTER 9

실전 말하기 연습

다음 문장을 주어진 단어를 활용하여 말해 보세요.

01 그는 키가 크고 힘이 세요. (tall, strong)

02 그녀는 춤추는 것과 노래하는 것을 좋아해요. (dancing, singing)

03 그녀는 친절하지만 엄격해요. (strict)

04 그는 피곤했지만 일을 끝냈어요. (tired, finished)

05 파란색을 좋아하세요, 아니면 초록색을 좋아하세요? (blue, green)

06 파스타와 피자 중 무엇을 드시겠어요? (would)

07 그녀가 공부하고 있으니 조용히 해 주세요. (studying, please)

08 그녀는 피곤해서 낮잠을 잤어요. (took, nap)

09 그는 아파서 파티에 오지 않았어요. (come, sick)

10 우리는 피곤해서 일찍 잠자리에 들었어요. (early, tired)

문장 길게 말하기

만든 문장이 맞는지 확인하고,
큰소리로 읽어 보세요.

01 He is tall and strong.

02 She likes dancing and singing.

03 She is kind, but strict.

04 He was tired, but he finished his work.

05 Do you like blue or green?

06 Would you like pasta or pizza?

07 She is studying, so please be quiet.

08 She was tired, so she took a nap.

09 He didn't come to the party because he was sick.

10 We went to bed early because we were tired.

CHAPTER 9

부사
자세하게 설명하기

UNIT 54

STEP 1

부사는 동사, 형용사, 다른 부사 또는 문장 전체를 더 자세하게 설명해 주는 단어입니다. 부사를 사용하면 우리가 어떤 일을 어떻게, 언제, 어디서, 얼마나 자주, 얼마나 많이 하는지를 더 잘 말할 수 있습니다. 부사는 주로 형용사 끝에 -ly를 붙여 만들어 집니다. 위치는 주로 동사의 뒤, 혹은 형용사나 부사의 앞에 옵니다.

예를 들어, "그는 매우 빨리 달릴 수 있어요."라고 말하고 싶다면, 영어로는 "He can run very fast."라고 말할 수 있습니다. 여기서 very와 fast는 모두 부사입니다. very는 '빠르게'라는 의미를 가진 부사 fast를 더 자세히 설명해 주고, fast는 '달리다'라는 동사 run을 더 자세히 설명해 줍니다.

부사를 사용해서 문장을 만들어 보세요.

She drives **carefully**. 그녀는 조심스럽게 운전해요.
He speaks English **fluently**. 그는 영어를 유창하게 말해요.
We watched TV **quietly**. 우리는 조용히 TV를 봤어요.

STEP 2

late, hard, fast는 형용사와 부사로 모두 사용할 수 있는 단어입니다. 이 단어들은 문장에서 형용사로 사용될 때와 부사로 사용될 때 각각 다른 역할을 합니다.

- **late** 늦은 / 늦게
    - 형용사) He is late. 그는 늦었어요.
    - 부사) He arrived late. 그는 늦게 도착했어요.
- **hard** 어려운 / 열심히
    - 형용사) This test is hard. 이 시험은 어려워요.
    - 부사) He works hard. 그는 열심히 일해요.
- **fast** 빠른 / 빠르게
    - 형용사) He is a fast runner. 그는 빠른 달리기 선수예요.
    - 부사) He runs fast. 그는 빨리 달려요.

STEP 3

ly로 끝나는 대부분의 단어는 부사이지만, 몇몇 단어들은 예외로 형용사입니다.

ex) friendly(다정한), lovely(사랑스러운), lonely(외로운)

She is very **friendly**. 그녀는 매우 다정해요.

It's a **lovely** day. 오늘은 사랑스러운 날이에요.

The cat looks **lonely**. 그 고양이는 외로워 보여요.

CHAPTER 9

실전 말하기 연습

다음 문장을 주어진 단어를 활용하여 말해 보세요.

01 그는 선물을 조심스럽게 열었어요. (gift, carefully)

02 저는 프랑스어를 유창하게 말하고 싶어요. (fluently)

03 도서관에서는 조용히 말해 주세요. (Please, quietly, library)

04 저는 어젯밤에 늦게 잤어요. (went, last night)

05 아이들이 너무 빨리 자라요. (kids, grow)

06 계단을 천천히 올라가세요. (up, stairs)

07 그녀는 노래를 아주 잘해요. (well)

08 제임스는 새로운 것을 쉽게 배워요. (learns, easily)

09 저는 오늘 일찍 일어났어요. (woke up)

10 그녀는 마침내 열쇠를 찾았어요. (finally, found)

문장 길게 말하기

만든 문장이 맞는지 확인하고,
큰소리로 읽어 보세요.

01 He opened the gift carefully.

02 I want to speak French fluently.

03 Please talk quietly in the library.

04 I went to bed late last night.

05 The kids grow up so fast.

06 Go up the stairs slowly.

07 She sings very well.

08 James learns new things easily.

09 I woke up early today.

10 She finally found her keys.

인생의 전환점이 될 영어회화 수업

CHAPTER 10

다양한 문장 구조

Better late than never!

CHAPTER 10

수동태
~되어지다

UNIT 55

This book was read worldwide.

STEP 1

우리가 보통 사용하는 문장은 '주어+동사+목적어'의 순서를 가지고 있습니다. 이를 '능동태'라고 합니다. 하지만 주어가 행동을 당하는 상황이라면 '수동태'를 사용할 수 있습니다. 주어가 어떤 일의 대상이 되는 겁니다. 수동태는 'be동사+과거분사(p.p.)' 형태로 이루어집니다. 수동태 문장은 주로 행위의 주체가 분명하지 않거나 중요하지 않고, 다른 정보가 더 중요할 때 사용됩니다.

예를 들어, "이 책은 전 세계적으로 읽혔어요."라고 말하고 싶다면, 영어로는 "This book was read worldwide."라고 말할 수 있습니다. 여기서는 책 자체가 중요한 것이 아니라 전 세계적으로 읽힌다는 것이 중요하기 때문에 수동태를 썼습니다.

수동태를 사용해서 문장을 만들어 보세요.

I was born in 1988. 저는 1988년에 태어났어요.

The project was started last month.
그 프로젝트는 지난달에 시작되었어요.

The window was broken. 창문이 깨졌어요.

수동태에서 by는 누가 또는 무엇이 그 행동을 했는지를 말할 때 사용됩니다. 즉, 행위자가 중요하거나 그 정보를 알려 주고 싶을 때 by를 사용합니다. 반대로 누가 그 일을 했는지 말하지 않아도 알 수 있거나, 누가 했는지가 중요하지 않을 때는 by를 쓰지 않습니다.

> **The cake was baked by my mom.**
> 케이크는 엄마에 의해 구워졌어요. **엄마가 구운 것을 강조**
>
> **The cake was baked.**
> 케이크는 구워졌어요. **누가 구웠는지 중요하지 않거나 알 필요가 없음**

'get+과거분사'는 'be동사+과거분사'와 비슷한 의미를 가집니다. 하지만 더 구어체적이고 일상적인 표현입니다. 어떤 일이 일어나는 과정이나 상태 변화를 강조할 때 자주 사용됩니다.

> **He was promoted last month.**
> 그는 지난달에 승진했어요. **승진된 상태나 결과를 전달**
>
> **He got promoted last month.**
> 그는 지난달에 승진했어요. **승진된 과정이나 변화를 강조**

CHAPTER 10

다음 문장을 주어진 단어를 활용하여 말해 보세요.

01 그녀는 뉴욕에서 태어났어요. (born)

02 그 책은 작년에 출판되었어요. (published)

03 그는 제인과 결혼했어요. (married)

04 숙제가 끝났어요. (finished)

05 그 프로젝트는 제시간에 완료되었어요. (completed)

06 그 집은 1990년에 지어졌어요. (built)

07 우편이 오늘 아침에 배달되었어요. (delivered)

08 그는 지난주에 직장에서 해고되었어요. (fired)

09 저는 여기서 기다리라고 들었어요. (told, wait)

10 저는 회의가 취소되었다고 들었어요. (told, canceled)

다양한 문장 구조

만든 문장이 맞는지 확인하고,
큰소리로 읽어 보세요.

01 She was born in New York.

02 The book was published last year.

03 He is married to Jane.

04 The homework was finished.

05 The project was completed on time.

06 The house was built in 1990.

07 The mail was delivered this morning.

08 He was fired from his job last week.

09 I was told to wait here.

10 I was told that the meeting was canceled.

CHAPTER 10

There+be동사
~이 있다

UNIT 56

There is a chair in the room.

STEP 1

'There+be동사'는 어떤 것이 존재하거나 위치하고 있음을 나타낼 때 사용됩니다. 일상 생활에서 '~이 있다'와 같이 주어의 위치나 존재를 설명하는 데 유용합니다. 뒤에 단수명사나 셀 수 없는 명사를 쓸 때는 'There is'를, 복수명사를 쓸 때는 'There are'를 사용합니다.

예를 들어, "방에 의자가 있어요."라고 말하고 싶다면, 영어로는 "There is a chair in the room."이라고 말할 수 있습니다. 여기서 'There is'는 방 안에 의자가 존재한다는 것을 나타냅니다.

'There+be동사' 구조를 사용해서 문장을 만들어 보세요.

There is a cat under the bed. 침대 아래에 고양이가 있어요.
There is a book on the desk. 책상 위에 책이 있어요.
There are some cookies in the jar.
병 안에 쿠키가 몇 개 있어요.

다양한 문장 구조

STEP 2

'There is/are'로 시작하는 문장 뒤에 장소나 위치를 나타내는 말을 추가하면 물건이나 사람이 정확히 어디에 있는지 알려줄 수 있습니다.

ex) on the table(테이블 위에), in the room(방 안에), in my bag(내 가방 안에)

> There is a book <u>on the table</u>. 테이블 위에 책이 있어요.
>
> There are three chairs <u>in the room</u>.
> 방 안에 의자 세 개가 있어요.
>
> There is a pen <u>in my bag</u>. 제 가방에 펜이 있어요.

STEP 3

'There+be동사'의 부정문을 만들 때는 is, are 뒤에 not을 추가합니다. 축약형인 isn't, aren't를 사용할 수도 있습니다.

> There <u>is not</u> any milk in the fridge. 냉장고에 우유가 없어요.
> There <u>isn't</u> a book on the desk. 책상 위에 책이 없어요.

'There+be동사'의 의문문을 만들 때는 is, are을 주어 there 앞에 위치시킵니다.

> <u>Is there</u> any milk in the fridge? 냉장고에 우유가 있나요?
> <u>Is there</u> a book on the desk? 책상 위에 책이 있나요?

253

CHAPTER 10

실전 말하기 연습

다음 문장을 주어진 단어를 활용하여 말해 보세요.

01 침대 위에 장난감이 있어요. (toy, bed)

02 우리 집 근처에 공원이 있어요. (near, house)

03 테이블 아래에 고양이가 있어요. (under)

04 냉장고 안에 우유가 있어요. (fridge)

05 우리 집 근처에 좋은 식당이 있어요. (restaurant, near)

06 접시 위에 사과가 세 개 있어요. (plate)

07 하늘에 별이 많아요. (many, sky)

08 오늘은 길에 차가 별로 없어요. (many, road)

09 커피에 설탕이 충분하지 않아요. (enough, sugar)

10 당신에게 온 메시지가 없어요. (any, messages)

다양한 문장 구조

만든 문장이 맞는지 확인하고,
큰소리로 읽어 보세요.

01 There is a toy on the bed.

02 There is a park near my house.

03 There is a cat under the table.

04 There is milk in the fridge.

05 There is a good restaurant near my house.

06 There are three apples on the plate.

07 There are many stars in the sky.

08 There are not many cars on the road today.

09 There is not enough sugar in the coffee.

10 There are not any messages for you.

CHAPTER 10

'주다' 동사
동사+사람+사물

UNIT 57

'주다' 동사는 영어에서 무엇을 주거나 받을 때 사용하는 동사입니다. 대표적인 '주다' 동사로는 give, send, show, tell 등이 있습니다. 이러한 동사들은 보통 두 개의 목적어를 필요로 합니다. 하나는 '누구에게'에 해당하는 간접목적어이고, 다른 하나는 '무엇을'에 해당하는 직접목적어입니다.

예를 들어, "He gave me an apple." 이라는 문장에서 He는 주어, me는 간접목적어(누구에게), an apple은 직접목적어(무엇을)입니다. 이 문장은 "그는 저에게 사과를 주었어요."라는 뜻입니다.

'주다' 동사를 사용해서 직접 문장을 만들어 보세요.

> Can you **give me the pen**? 펜 좀 주실래요?
> Can I **get you some coffee**? 커피 좀 가져다 드릴까요?
> He **taught me English**. 그는 저에게 영어를 가르쳤어요.

다양한 문장 구조

STEP 2

'주다' 동사를 사용할 때, 간접목적어와 직접목적어의 순서가 헷갈릴 수 있습니다. 문장을 반복해서 따라 하면서 올바른 순서를 입으로 기억하세요.

> 그녀는 저에게 책을 한 권 줬어요.
> **She gave me a book. (O)**
> **She gave a book me. (X)**

STEP 3

4형식의 '주다' 동사를 3형식 '주어+동사+목적어'로 바꿀 수 있습니다. 이때 직접목적어(무엇을) 뒤에 to 또는 for을 사용할 수 있습니다. to는 주로 이동이나 방향을 나타내며, 어떤 물건이나 정보를 누구에게 전달하는 상황에서 사용됩니다. for는 주로 이익이나 목적을 나타내며, 어떤 행동이 누구를 위한 것인지 설명할 때 사용됩니다.

give/send/show/teach + 사물 + to + 사람
make/buy + 사물 + for + 사람

> **He gave the keys to me.** 그는 저에게 열쇠를 주었어요.
> **I made a cake for him.** 그를 위해 케이크를 만들었어요.

CHAPTER 10

실전 말하기 연습

다음 문장을 주어진 단어를 활용하여 말해 보세요.

01 저에게 조언을 좀 해 주실 수 있나요? (give, advice)

02 그는 저에게 그의 차를 빌려주었어요. (lent)

03 그녀는 저에게 비밀을 말해 주었어요. (told, secret)

04 뭔가 먹을 거 좀 가져다 드릴까요? (get, something)

05 그녀는 저에게 뭔가 중요한 걸 말해 줬어요. (something)

06 진실을 말해 줘요. (truth)

07 그들은 우리에게 몇 가지 조언을 해 줬어요. (gave, advice)

08 그는 저에게 이메일을 보냈어요. (sent, email)

09 욕실에서 수건 좀 가져다줘. (get, towel, bathroom)

10 그녀는 우리에게 그녀의 그림들을 보여 줬어요. (showed)

다양한 문장 구조

만든 문장이 맞는지 확인하고,
큰소리로 읽어 보세요.

01 Can you give me some advice?

02 He lent me his car.

03 She told me a secret.

04 Can I get you something to eat?

05 She told me something important.

06 Tell me the truth.

07 They gave us some advice.

08 He sent me an email.

09 Please get me a towel from the bathroom.

10 She showed us her paintings.

CHAPTER 10

명령하기, 권유하기
~해 / ~하자

UNIT 58

STEP 1

명령문은 상대방에게 어떤 행동을 하도록 지시하거나 요청할 때 사용됩니다. 일반적으로 주어를 생략하고 동사원형으로 문장을 시작합니다. 명령문은 단순히 지시를 전달하는 것뿐만 아니라, 공손하게 권유할 때도 사용됩니다. Please라는 단어를 앞이나 뒤에 붙여 더 공손하게 만들 수 있습니다.

예를 들어, "창문을 열어 줘."라고 말하고 싶다면, 영어로는 "Open the window."라고 하면 됩니다. 명령문은 주로 친구나 가족, 또는 잘 아는 사람에게 사용하는 게 좋습니다. 더 공손하게 말하고 싶다면 Please를 추가해서 "Please open the window."라고 말할 수 있습니다.

명령하기와 권유하기를 사용해서 직접 문장을 만들어 보세요.

Close the door. It is noisy outside. 문 닫아. 밖이 시끄럽네.

Please help me. I can't do it alone.
저를 도와주세요. 혼자 할 수 없어요.

다양한 문장 구조

STEP 2

Let's는 Let us의 줄임말로, '제안'이나 '권유'를 할 때 사용하는 표현입니다. 'Please +동사원형'이 상대방에게 정중하게 요청하거나 명령하는 표현이라면, Let's는 자신과 상대방이 함께 어떤 행동을 하자고 제안할 때 사용합니다.

Let's go home. 집에 가자.

Let's learn something new. 새로운 것을 배우자.

Let's cook dinner together. 같이 저녁을 요리하자.

STEP 3

- **Don't+동사원형**: 상대방에게 직접적으로 어떤 행동을 하지 말라고 지시할 때 사용합니다.
- **Please don't+동사원형**: 상대방에게 정중하게 어떤 행동을 하지 말라고 요청할 때 사용합니다.
- **Let's not+동사원형**: 자신과 상대방이 함께 어떤 행동을 하지 말자고 제안할 때 사용합니다.

Don't touch that. 저거 만지지 마.

Please **don't** be late. 늦지 마세요.

Let's not go there. 거기에 가지 말자.

CHAPTER 10

실전 말하기 연습

다음 문장을 주어진 단어를 활용하여 말해 보세요.

01 창문 열어. 여기 안이 너무 더워. (window, very)

02 앉아. 회의를 시작해야 해. (sit, need)

03 내 말 들어. 이건 중요해. (listen, important)

04 조용히 해. 아기가 자고 있어. (quiet, sleeping)

05 코트 입어. 밖이 추워. (put on, outside)

06 손을 씻으세요. 저녁이 거의 다 됐어요. (please, wash, almost)

07 앉아 주세요. 곧 시작할 거예요. (take, soon)

08 음악 소리를 줄여 주세요. 너무 시끄러워요. (turn down, loud)

09 여기서 기다려 주세요. 의사 선생님이 오고 계세요. (wait)

10 물 한 잔 가져다주세요. 목말라요. (bring, thirsty)

다양한 문장 구조

만든 문장이 맞는지 확인하고,
큰소리로 읽어 보세요.

01 Open the window. It's very hot in here.

02 Sit down. We need to start the meeting.

03 Listen to me. This is important.

04 Be quiet. The baby is sleeping.

05 Put on your coat. It's cold outside.

06 Please wash your hands. Dinner is almost ready.

07 Please take a seat. We will start soon.

08 Please turn down the music. It's too loud.

09 Please wait here. The doctor is coming.

10 Please bring me a glass of water. I'm thirsty.

CHAPTER 10

UNIT 59

누군가에게 시킬 때
~하게 하다 / ~하게 만들다 / ~하게 시키다

My mom made me clean the room.

STEP 1

다른 사람이 어떤 행동을 하도록 할 때 사용하는 동사로는 let, make, have가 있습니다. 이 동사들은 사역동사라고 불립니다. 사람과 동사를 연결하여 어떤 행위를 하도록 지시하거나 허락하는 의미를 전달합니다. '사역동사+대상+동사원형' 구조로 말합니다. let은 '~하게 하다'라는 의미가 있습니다. 누군가가 무엇을 할 수 있도록 허락하거나 허용할 때 주로 사용합니다. make는 '~하게 만들다'라는 의미가 있습니다. 누군가가 무엇을 하도록 강제로 시킬 때 주로 사용합니다. have는 '~하게 시키다'라는 의미가 있습니다. 누군가가 무엇을 하도록 부탁하거나 시킬 때 주로 사용합니다.

사역동사 let, make, have를 사용해서 직접 문장을 만들어 보세요.

He let his children watch TV.
그는 그의 아이들이 TV를 보게 했어요.

She made her son apologize. 그녀는 아들이 사과하게 만들었어요.

I had my brother pick me up.
나는 남동생이 나를 태우러 오게 시켰어요.

다양한 문장 구조

STEP 2

have와 비슷한 의미로 get도 쓸 수 있습니다. 구조가 살짝 다른데, 'get+목적어+ to부정사'로 동사원형 대신 to부정사가 나와야 합니다. 의미도 약간의 차이가 있습니다.

    have: 누군가에게 어떤 일을 하도록 시키거나 부탁할 때
    get: 누군가에게 어떤 일을 하도록 설득하거나 유도할 때

I had my friend help me. 친구에게 저를 도와달라고 했어요.
I got my friend to help me. 내 친구가 나를 돕도록 설득했어요.

STEP 3

'have+물건+과거분사' 구조는 어떤 서비스를 받을 때 사용합니다. 이때 have 다음에는 물건이 오고, 그 뒤에 과거분사가 옵니다. 이 구조는 특히 미용실, 자동차 정비소, 세탁소 등에서 자주 사용됩니다.

I had my hair cut. 저는 머리를 잘랐어요. **미용사가 머리를 잘라 줌**

She had her car washed.
그녀는 차를 세차했어요. **세차장에서 차를 세차를 함**

They had their house painted.
그들은 집을 페인트칠했어요. **페인트공을 불러서 페인트칠을 함**

CHAPTER 10

실전 말하기 연습

다음 문장을 주어진 단어를 활용하여 말해 보세요.

01 부모님이 파티에 가게 해 주셨어요. (parents)

02 상사가 재택근무를 허락해 주셨어요. (boss, from)

03 그들이 저녁을 함께 먹고 가게 해 줬어요. (stay, dinner)

04 그는 그의 개가 침대에서 자도록 했어요. (sleep)

05 엄마는 제가 설거지를 하도록 만드셨어요. (wash, dishes)

06 아빠는 제가 쓰레기를 버리게 만드셨어요. (take out, trash)

07 그는 아이들을 일찍 자게 만들었어요. (children, early)

08 정비사에게 차를 고쳐 달라고 했어요. (mechanic, fix)

09 상사가 저에게 보고서를 쓰게 시켰어요. (boss, report)

10 그녀는 딸에게 설거지를 하도록 했어요. (daughter, wash)

다양한 문장 구조

만든 문장이 맞는지 확인하고,
큰소리로 읽어 보세요.

01 My parents let me go to the party.

02 My boss let me work from home.

03 They let me stay for dinner.

04 He let his dog sleep on the bed.

05 My mom made me wash the dishes.

06 My dad made me take out the trash.

07 He made the children go to bed early.

08 I had the mechanic fix my car.

09 My boss had me write the report.

10 She had her daughter wash the dishes.

CHAPTER 10

as~as, 비교급, 최상급
~만큼 / ~보다 / 가장 ~

UNIT 60

She is as fast as me.

STEP 1

'as ~ as'는 두 가지를 비교하여 동일하거나 동등함을 나타낼 때 사용합니다. '비교급'은 두 가지를 비교하여 하나가 다른 하나보다 더 높거나 낮음을 나타낼 때 사용합니다. '최상급'은 셋 이상의 것들 중에서 하나가 가장 높거나 낮음을 나타낼 때 사용합니다.

예를 들어, "그녀는 저만큼 빨라요."라고 말하고 싶다면, 영어로는 "She is as fast as me."라고 말할 수 있습니다. 여기서 as와 as 사이에는 비교하는 형용사를 넣어 주고, 뒤의 as 다음에 비교하는 대상을 언급합니다.

비교를 할 때는 '형용사+er' 또는 'more+형용사'를 쓰고, 뒤에 than과 함께 비교하는 대상을 넣어 줍니다. 최상급을 표현할 때는 'the+형용사+est' 또는 'the most+형용사' 구조를 사용하여 가장 높은 상태나 수준을 나타내고, 뒤에 비교하는 범위를 언급합니다. as ~ as, 비교급, 최상급을 사용해서 직접 문장을 만들어 보세요.

He is **as tall as** his brother. 그는 그의 형만큼 키가 커요.

He is **taller than** me. 그는 저보다 키가 커요.

He is **the tallest** in the class. 그는 반에서 가장 키가 커요.

다양한 문장 구조

STEP 2

비교급을 만들려면 대부분의 짧은 형용사나 부사에는 '-er'을 붙이고, 긴 형용사나 부사 앞에는 more를 붙입니다. 최상급을 만들려면 대부분의 짧은 형용사나 부사에는 '-est'를 붙이고, 긴 형용사나 부사 앞에는 most를 붙입니다. 이때 꼭 the를 함께 씁니다.

---

fast ➡ faster ➡ fastest (빠른)

strong ➡ stronger ➡ strongest (강한)

pretty ➡ prettier ➡ prettiest (예쁜, 귀여운)

difficult ➡ more difficult ➡ most difficult (어려운)

expensive ➡ more expensive ➡ most expensive (비싼)

STEP 3

비교급은 두 가지를 비교하여 하나가 다른 하나보다 더 높거나 낮음을 나타낼 때 사용됩니다. 이때 비교의 정도를 훨씬 더 강조하고 싶을 때, much, even, a lot 등을 사용하여 '훨씬'이라는 의미를 추가할 수 있습니다.

She is **much taller than** her sister.
그녀는 그녀의 언니보다 훨씬 더 키가 큽니다.

He is **even faster than** his friend.
그는 그의 친구보다 훨씬 더 빠릅니다.

He is **a lot older than** me. 그는 저보다 훨씬 더 나이가 많아요.

CHAPTER 10

실전 말하기 연습

다음 문장을 주어진 단어를 활용하여 말해 보세요.

01 그는 그의 아버지만큼 강해요. (strong)

02 그는 그의 아버지보다 강해요. (stronger)

03 그는 가족 중에서 가장 강해요. (family)

04 이 차는 작은 집만큼 비싸요. (expensive, small)

05 이 차는 제 옛날 차보다 더 비싸요. (old one)

06 이 차는 전시장에서 가장 비싸요. (showroom)

07 당신도 저만큼 잘 알고 있잖아요. (know, well)

08 가능한 한 빨리 다시 전화해 주세요. (please, soon, possible)

09 가능한 한 빨리 여기로 와 주세요. (please, soon, possible)

10 원하는 한 오래 머물러도 돼요. (stay, long)

다양한 문장 구조

만든 문장이 맞는지 확인하고,
큰소리로 읽어 보세요.

01 He is as strong as his father.

02 He is stronger than his father.

03 He is the strongest in his family.

04 This car is as expensive as a small house.

05 This car is more expensive than my old one.

06 This car is the most expensive in the showroom.

07 You know as well as I do.

08 Please call me back as soon as possible.

09 Please come here as soon as possible.

10 You can stay as long as you want.